Thomas Hoffmann, Silke Balbierz

Das KVP-Arbeitsbuch für kleine und mittlere Unternehmen

KONTINUIERLICHE
VERBESSERUNGS
PROZESSE

Thomas Hoffmann, Silke Balbierz

Das KVP-Arbeitsbuch für kleine und mittlere Unternehmen

Kontinuierliche Verbesserungen professionell gestalten

Verlag Wissenschaft & Praxis

Bibliografische Information der Deutschen Nationalbibliothek

Die Deutsche Nationalbibliothek verzeichnet diese Publikation in
der Deutschen Nationalbibliografie; detaillierte bibliografische Daten
sind im Internet über http://dnb.d-nb.de abrufbar.

Das KVP-Arbeitsbuch für kleine und mittlere Unternehmen wurde
als Projekt des RKW-Kompetenzzentrums Eschborn durchgeführt und vom
Bundesministerium für Wirtschaft und Technologie sowie aus Mitteln
der beteiligten Firmen finanziert.

ISBN 978-3-89673-543-0
© Verlag Wissenschaft & Praxis
Dr. Brauner GmbH 2010
Nußbaumweg 6, D-75447 Sternenfels
Tel. +49 7045 930093 Fax +49 7045 930094
verlagwp@t-online.de www.verlagwp.de
Illustrationen: Carola Väth, Grafisch, Büro für Grafikdesign
Layout: Claudia Weinhold

Printed in Germany

Inhaltsverzeichnis

Vorbemerkungen

Vorbemerkungen

Verbesserungsprozesse sind Bestandteile menschlichen Arbeitens. Wozu dann aber KVP-Systeme? Eine Antwort darauf gibt das ‚K' in KVP: kontinuierlich. KVP-Systeme sorgen dafür, den Fluß der Verbesserungen zu verstetigen. Sie sorgen dafür, dass es nicht bei den guten Ideen bleibt, sondern dass diese gemeinsam besprochen und auch kontinuierlich umgesetzt werden.

Das klingt einfach, ist es aber nicht, wenn man bedenkt, dass es dabei vor allem darum geht, all die Blockaden und Widerstände, die es in Organisationen gegenüber Verbesserungsimpulsen gibt, nicht zum Zuge kommen zu lassen, beziehungsweise diese sinnvoll zu bearbeiten, um ihre Wirkungen mindestens zu schwächen.

Keine Arbeitsplanung, kein Arbeitsgestaltungsdesign vom ‚grünen Tisch' kann das bringen, was an Verbesserungsideen – mitsamt ihren positiven ökonomischen Effekten – im Prozeß des Arbeitens entsteht. Das Erfahrungswissen der Mitarbeiter und deren sich darauf gründende Verbesserungs- ideen – Faktoren, die der Taylorismus ausschließen wollte – will KVP systematisch integrieren und nutzen. Wo dies gelingt entstehen für ein Unternehmen auf Dauer erhebliche betriebswirtschaft- liche Kosteneinsparungen sowie auch Innovationen. Darüber hinaus entstehen positive Lern- und Motivierungseffekte bei den Mitarbeitern. Gut gemanagt ist KVP insofern ein sich selbst verstär- kender und verbessernder Prozeß.

Hinzu kommt ein weiteres: KVP eignet sich auch dazu, ein Unternehmen mit den Wahrnehmun- gen seiner Mitarbeiter ‚zu versorgen' und so seine Selbstbeobachtungskompetenz laufend zu ver- bessern. Darauf kann heutzutage kein Unternehmen mehr verzichten wenn es wettbewerbs- und marktfähig bleiben will. Auf den Aspekt der Selbstbeobachtungskompetenz haben wir bei der Entwicklung der KVP-Tools besonderen Wert gelegt.

KVP ist insofern heutzutage für jedes Unternehmen unverzichtbar. Ein wichtiges Ergebnis unserer Untersuchung ist zudem, dass in der Praxis erheblicher Bedarf besteht, KVP in zwei Richtungen zu erweitern. Zum einen in Richtung Transfer der KVP-Erfahrungen hinsichtlich Gestaltung der immer wichtiger werdenden dialogisch-interaktiven Bestandteile der Arbeitsprozesse in der Produktion, und zum anderen in Richtung auf die indirekten Unternehmensbereiche (Arbeitsvor- bereitung, Vertrieb, Konstruktion) im Sinne eines KVP-Managementsystems zur Geschäftsprozeß- optimierung. Es geht also zukünftig um den Transfer des KVP-Wissens und der KVP-Erfahrungen in neue Verbesserungsthemen sowie in andere Unternehmensbereiche, die bislang überwiegend nicht in KVP einbezogen sind.

Das vorliegende KVP-Arbeitsbuch ist Ergebnis eines integrierten Forschungs-, Beratungs- und Entwicklungsprozesses. Wir haben KVP in mittelständischen Produktionsunternehmen untersucht, diese beraten und zugleich KVP-Tools entwickelt und erprobt. Den Unternehmen, die uns dabei unterstützt haben, möchten wir an dieser Stelle herzlich danken. Es sind dies die Firmen Feinguss Blank GmbH, Präschu Umformtechnik GmbH, Promera Ettlingen Feinschneidtechnik GmbH, Kurz Kunststoffe GmbH und IKO Isidor Kurz Werkzeug- und Formenbau GmbH & Co.KG. Sie alle haben wesentlich zum Gelingen und zur konkreten Gestaltung des KVP-Arbeitsbuches beigetragen. Wir danken auch dem RKW Baden-Würtemberg, das uns durch viele Gespräche und Hilfe bei der Durchführung von Projektworkshops sehr unterstützt hat.

Unser besonderer Dank gilt der Designerin Carola Väth von Grafisch, Büro für Grafikdesign in Wackersberg, die die Titelseite sowie die Illustrationen und Piktogramme auf eine Art gestaltet hat, die wir als sehr gut passend zu unserer Arbeitsweise und zum Charakter des Arbeitsbuches empfinden.

1.   Arbeiten mit dem KVP–Arbeitsbuch

Dieses Arbeitsbuch richtet sich in erster Linie an Führungskräfte und KVP-Verantwortliche in kleinen und mittleren Unternehmen sowie an KVP-interessierte Berater beziehungsweise Institute und Verbände, die auch in beratender Funktion tätig sind (Kammern, Branchenverbände, Forschungsinstitute mit starkem Anwendungsbezug und andere).

Die Tools lassen sich in unterschiedlichen betrieblichen Anwendungssituationen nutzen und spezifisch anpassen, indem man die jeweils zugehörigen Arbeitsblätter (siehe Abschnitt 3.3) als Word- oder Exel-Dateien aus dem Internet herunterlädt **(www. rkw.de/kvp)** und dann so verändert, wie man sie braucht.

Die Nutzer der Toolbox – Unternehmen und Berater – haben die Möglichkeit und sind ausdrücklich eingeladen, ihre KVP-Erfahrungen, -Praxisbeispiele, -Tools, -Arbeitsblätter und anders in die Toolbox im Internet einzuspeisen und so zu deren Weiterentwicklung beizutragen. Das geht über die KVP-Entwicklungsplattform des RKW-Kompetenzzentrums **(www. rkw.de/kvp)** , die genauso wie die Toolbox nach den sieben betrieblichen KVP-Entwicklungsfeldern (siehe Kapitel 2.4) strukturiert ist. Das RKW wird die neuen Tools der Entwicklungsplattform jeweils in die Toolbox integrieren **(www. rkw.de/kvp)** . Auf diese Weise soll die Toolbox wachsen, sich veränderten Bedingungen anpassen, neue Praxiserfahrungen und Ideen aufnehmen, um so den Praxisbedürfnissen der Unternehmen immer besser gerecht werden zu können.

Das RKW Kompetenzzentrum wird interessierte Unternehmen, die KVP nutzen, ein- bis zweimal jährlich zu einem Erfahrungsaustausch-Workshop einladen.

Ziel ist, einen internetgestützten Verbesserungsprozess für KVP in Netzwerkstrukturen zu etablieren.

Die meisten Tools dieses Arbeitsbuches (siehe Kapitel 3) können von Unternehmen ohne externe Beratung genutzt werden. Dort wo dies nicht der Fall ist, haben wir es ausdrücklich vermerkt.

2. Beobachtungen aus der Praxis

In der Praxis sind Erfolge mit KVP eher die Ausnahme als die Regel. Diese Beobachtung ist durch Untersuchungen gut belegt und wir haben in unserer Untersuchung eine Fülle von Hinweisen auf mögliche Ursachen gefunden. Fazit: man kann es nicht oft genug betonen, KVP ist kein Selbstläufer, kein Mechanismus, der, einmal eingerichtet, funktioniert. Es bedarf der ständigen Aufmerksamkeit und Pflege, sonst verliert KVP oft in einem schleichenden Prozeß seine Potenziale. Wir haben unsere Ergebnisse zu einer Beschreibung typischer Dynamiken – Verlaufsmuster – von KVP-Prozessen vedichtet, die sich vom Management gut bearbeiten lassen, wenn sie beobachtet werden und bekannt sind.

2.1 KVP: Motor für Innovationen oder Fassade?

Mehr als 90% der produzierenden kleinen und mittleren Unternehmen (unter 250 Beschäftigten) haben mittlerweile KVP-Systeme eingeführt.[1] Besonders seit 2003 weist KVP in diesen Unternehmen eine hohe Verbreitungsgeschwindigkeit auf. Parallel stieg – fast ebenso rasant – der Anteil der Unternehmen, die KVP nicht mehr intensiv nutzen. Ihr Anteil an den KVP-Nutzern insgesamt liegt 2006 bei circa 80 Prozent und ist vermutlich seit dem nicht gesunken.

Dabei haben die Unternehmen, die KVP intensiv nutzen (circa 20 Prozent) nachweislich durch KVP nicht unerhebliche Produktivitäts- und Wettbewerbsvorteile: signifikant niedrigere Nacharbeits- und Ausschußquoten sowie eine höhere Prozeßqualität und Produkt- beziehungsweise Variantenflexibilität, ohne dadurch mit ihrer Produktivität in's Hintertreffen zu geraten.

Offensichtlich hat KVP für produzierende Unternehmen erhebliche Potenziale, es fällt den meisten Unternehmen aber schwer, ihr KVP-System dauerhaft erfolgreich – also nachhaltig – zu nutzen. KVP ‚degeneriert' nach erfolgreicher Einführung typischerweise vom Innovationsmotor zur Fassade.

Wir haben uns in diesem Zusammenhang folgende Fragen gestellt:
— Woran liegt es, dass in einer wachsenden Zahl produzierender kleiner und mittlerer Unternehmen KVP seine Nutzenpotenziale verliert, also nicht nachhaltig läuft?
— Welche Instrumente, Methoden und Unterstützungsstrukturen sind geeignet, Unternehmen beim Aufbau nachhaltiger KVP-Strukturen und -Nutzenpotenziale zu unterstützen?

---

[1] Diese und die folgenden Angaben sind den Mitteilungen des Fraunhofer Instituts für System- und Innovationsforschung (ISI) Karlsruhe „Zur Modernisierung der Produktion: Kontinuierlicher Verbesserungsprozess – Baustein zur Prozessinnovation in KMU?" vom Dezember 2006 entnommen.

— Wie lassen sie sich mit den Mitteln des RKW-Netzwerkes etablieren und verbreiten?

Um erste Antworten zu finden, haben wir zunächst vier produzierende Unternehmen (zwischen 60 und 450 Mitarbeiter) beraten und dabei deren KVP-System untersucht (siehe KVP-Praxisbeispiele Kapitel 4).

In allen Unternehmen haben wir halbstandardisierte Experteninterviews mit
— der Geschäftsleitung,
— dem KVP-Koordinator (beziehungsweise dem KVP-Beauftragten
    oder -Verantwortlichen),
— einem oder mehreren Vertreter(n) der ersten Führungsebene
    (Meister und/oder Fertigungsleiter),
— mehreren KVP-Moderatoren sowie
— mehreren Mitarbeitern (entsprechend der Betriebsgröße).

durchgeführt. [2]

Die Ergebnisse können im statistischen Sinne natürlich keine Repräsentativität beanspruchen. Dennoch beschreiben sie typische Strukturen, Prozesse und Probleme des KVP-Einsatzes in produzierenden kleinen und mittleren Unternehemen und geben wertvolle Hinweise auf sinnvolle Instrumente und Interventionen zur Unterstützung nachhaltiger veränderungsfähiger KVP-Strukturen.

In den betrieblichen Beratungsprojekten wurden KVP-Tools zunächst für den Einsatz in den untersuchten Unternehmen entwickelt, dort angewandt beziehungsweise erprobt, später erweitert und zur KVP-Toolbox weiterentwickelt.

Wir haben festgestellt, dass KVP ohne ständige Aufmerksamkeit und Pflege schnell zur Fassade werden kann, also alles andere ist als ein Selbsläufer. Es geht uns daher in diesem Arbeitsbuch um KVP-Tools, die Unternehmen in Bezug auf ihre Aufmerksamkeitsfokussierung und Pflege ihres KVP-Systems unterstützen, damit KVP Innovationsmotor bleibt oder wieder wird. Zudem sind die Tools geeignet, die Selbstbeobachtungskompetenz eines Unternehmens beziehungsweise seiner Mitarbeiter und Führungskräfte zu verbessern — eine Kompetenz, die für Unternehmen wohl noch nie so überlebensnotwendig war wie heute.

---

2   Die 6-10 Interviews in jeden Unternehmen waren für jeweils mindestens 1,5 Stunden konzipiert. Sie haben in allen Fällen länger gedauert. Es bestand ein hohes Eigeninteresse der Unternehmen. Auch darin drückt sich die enge Verbindung von Forschungs-, Beratungs- und Entwicklungsprozess aus, auf die in der konzeptionellen Anlage und Durchführung des Projektes großer Wert gelegt wurde.

2.2 KVP-Systembeschreibung

Funktionsfähige KVP-Systeme setzen sich aus folgenden Elementen zusammen:

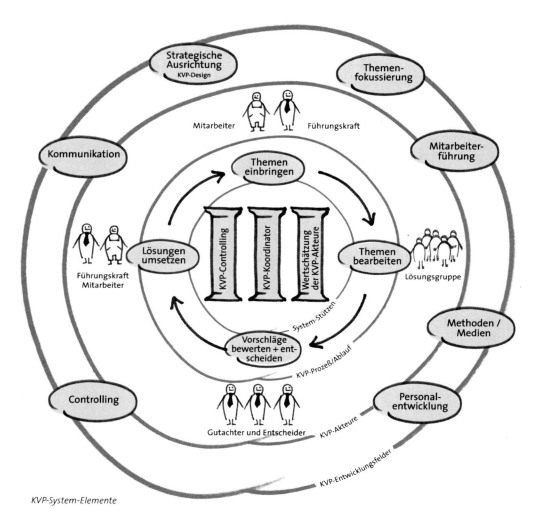

KVP-System-Elemente

Als **System-Stützen** (innerer Kreis im Bild) fungierten der KVP-Koordinator, das KVP-Controlling und die Wertschätzung der beteiligten Mitarbeiter. Beim KVP-Koordinator laufen die Fäden des Prozesses zusammen, er sorgt dafür, dass die Idee des KVP im Unternehmen mit Leben erfüllt wird, bearbeitet und reduziert Blokaden und Widerstände und treibt den Prozess der kontinuierlichen Verbesserung voran. Das KVP-Controlling gibt Aufschluß darüber, wie gut das System funktioniert (werden die gesteckten Ziele erreicht?) und zeigt dem Koordinator, wo Handlungsbedarf entsteht (Welche Aufgaben aus KVP-Besprechungen sind noch zu erledigen?, Wo beziehungsweise wer muss unterstützt werden?). Eine glaubhafte Wertschätzung der beteiligten Mitarbeiter auf materielle oder immaterielle Art und Weise spielt insbesondere für die Motivation, sich an KVP zu beteiligen, eine zentrale Rolle. Unsere Erfahrung ist, dass KVP-Systeme vieles nicht brauchen um gut zu funktionieren, die Systemstützen jedoch sind unverzichtbar – auch für das kleinste Unternehmen. Wenn sie gut und stabil sind, können viele Schwächen in anderen Bereichen kompensiert werden.

Der **Prozess-Ablauf** von KVP gestaltet sich durch die KVP-Akteure wie folgt:
Erstens, von Mitarbeitern und/oder Führungskräften werden KVP-Themen eingebracht. Je nach System werden diese Themen überprüft und gegebenenfalls noch einmal selektiert.
Zweitens, eine Lösungsgruppe bearbeitet eines der vorgeschlagenen Themen und entwickelt dafür Lösungsvorschläge.
Drittens, diese werden Gutachtern beziehungsweise Entscheidern vorgelegt, die darüber entscheiden, ob das Vorhaben wie vorgeschlagen realisierbar ist und ob die notwendigen Ressourcen dafür zur Verfügung gestellt werden.
Bei einer Genehmigung folgt in einem vierten Schritt die konkrete Umsetzung der Verbesserungsvorschläge durch Mitarbeiter und/oder Führungskräfte – mitunter auch unterstützt durch Externe.

Unter den System-Elementen nehmen die KVP-**Entwicklungsfelder** (Außenkreis im Bild) einen besonderen Stellenwert ein, entscheiden sie doch grundlegend über den Erfolg oder Misserfolg des gesamten KVP-Systems. KVP kann nicht als ‚Selbstläufer' betrachtet werden, denn es unterliegt einer ständigen Beeinflussung durch verschiedene Faktoren: strategische Ausrichtung von KVP, Art der Probleme, die in KVP bearbeitet werden, Art und Weise der Mitarbeiterführung, eingesetzte Methoden und Medien, Stellenwert der Personalentwicklung im Unternehmen, verwendete Kennzahlen beziehungsweise Controlling sowie Kommunikation im KVP-System und im gesamten Unternehmen.

Für ein KVP-System gilt, dass es flexibel an den jeweiligen Bedingungen des Unternehmens, besonders an dessen Strukturen sowie an der Unternehmenskultur ausgerichtet werden muss. Dies betrifft beispielsweise eine adäquate Besetzung der KVP-Akteure ebenso wie die Abstimmung des KVP-Systems mit den wirklichen Motiven des Unternehmens für die Ein- und Durchführung von KVP (Kostenreduktion, Zertifizierung, Personalentwicklung,…). Schlußendlich bedeutet dies, dass verschiedene KVP-Systeme zwar dieselben System-Elemente aufweisen, die einzelnen Elemente und damit das KVP-Systemdesign jedoch unterschiedlich ausgeprägt sind.

2.3 Typische KVP-Verlaufsmuster

In unseren betrieblichen Untersuchungen haben wir zunächst danach gefragt, aus welchen Gründen KVP in den meisten Unternehmen immer mehr zur Fassade wird und seine Potenziale verliert. Lassen sich hierfür typische Verlaufsmuster erkennen, und wenn ja, welche? Wir haben in der Tat solche Muster gefunden. Sie lassen sich kurz zusammengefasst wie folgt beschreiben:

KVP löst sich von der betrieblichen Verbesserungskultur, gelebte Verbesserungen und KVP fallen auseinander.

Überall, wo Menschen arbeiten, sind Verbesserungen der Arbeitsprozesse und -mittel im Gespräch, gibt es so etwas wie eine spontane Verbesserungskultur: Verbesserungen werden besprochen, umgesetzt, manchmal auch blockiert – sind immer in irgendeiner Weise Thema. Solange KVP an diese Kultur anknüpft und in sie eingebettet stattfindet, läuft es gut und wird akzeptiert. Entwickelt sich beides auseinander, verliert KVP seine Potenziale. Beispiel: Ein Mitarbeiter mit besonderem handwerklichem Geschick wird immer wieder auf informeller Ebene für schnelle Lösungen arbeitsplatzbezogener Probleme herangezogen, während zur gleichen Zeit KVP-Teams sich gezwungen sehen, für ihre KVP-Sitzungen Probleme zu erfinden oder aufzubauschen, damit KVP seine Existenzberechtigung behält.

KVP stellt sich zu wenig oder gar nicht auf Veränderungen der faktischen Verbesserungsthemen ein.
KVP startet in einem Unternehmen meist mit der Bearbeitung einer bestimmten Problemart –
zum Beispiel mit technischen Themen an den Arbeitsplätzen oder Optimierungen der Maschinen.
Nach einer gewissen Zeit ist dieser Problemtyp abgearbeitet, zugleich bestehen jedoch erheb-
liche Probleme in den Arbeitsabläufen oder an bestimmten Schnittstellen, die jedoch nicht als
KVP-geeignet wahrgenommen werden. Den KVP-Akteuren fällt zunächst nur der Mangel an
KVP-Themen auf – der gleichzeitig bestehende Problemstau an anderer Stelle, auf den sich KVP
ein- beziehungsweise umstellen könnte, wird an dieser Stelle ausgeblendet mit der Folge, dass
KVP langsam ‚austrocknet'.

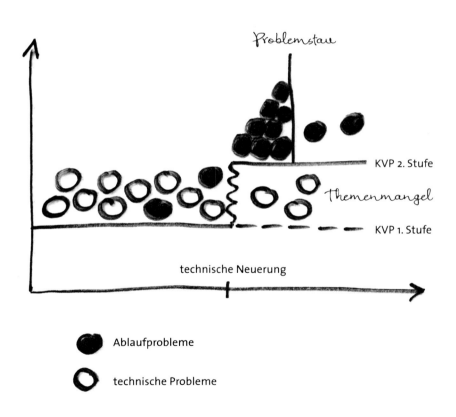

Qualitätsrelevantes Erfahrungswissen von Mitarbeitern bleibt ungenutzt.

Viele Mitarbeiter in der Produktion kennen die Ursachen für immer wiederkehrende Qualitätsprobleme, während KVP und Qualitätsmanagement sich vergeblich bemühen, diese abzustellen.
Erfahrungswissen bleibt außen vor, weil die Settings, Methoden und Medien, mit denen KVP arbeitet (Metaplan, Verschriftlichung, Problemspeicher und andere), für viele Produktionsarbeiter
unpassend sind. KVP läuft in der Folge nur noch mit halber Kraft.

Führungsstil und -kultur blockieren KVP.

Besonders in produzierenden Bereichen werden Mitarbeiter nicht selten noch als Arbeitskräfte angesehen und behandelt, die ,nicht für's Denken bezahlt' werden, obwohl KVP zugleich von ihnen fordert, über Verbesserungsmöglichkeiten nachzudenken. Oder die Teilnahme an KVP bringt Mitarbeiter in Loyalitätskonflikte mit dem Meister und dieser zeigt sich gegenüber KVP-engagierten Mitarbeitern wenig resonanzfähig. Vielen Unternehmen fällt es auch schwer, passende Formen der Wertschätzung für KVP-engagierte Mitarbeiter oder -Teams durch die Führung zu finden und zu leben. Folge ist, dass KVP vor allem bei den Mitarbeitern langsam aber sicher an Akzeptanz verliert.

Im KVP-Controlling werden ungeeignete Kennzahlen verwendet.

Oft genug noch wird KVP bewertet auf der Grundlage der Anzahl von KVP-Sitzungen oder Verbesserungsvorschlägen pro Zeiteinheit. Solche Kennzahlen sagen weder etwas über den Nutzen von KVP aus, noch wirken sie unterstützend und motivierend. Eher werden Mitarbeiter auf diese Weise angehalten, sich Vorschläge ‚aus den Fingern zu saugen' oder Probleme, für die eigentlich die Instandhaltung zuständig wäre, für KVP ‚umzufunktionieren' und/oder in Sitzungen Zeit lediglich ‚abzusitzen'. Eine sinnvolle Alternative dazu bilden zum Beispiel Kennzahlen, die reale, durch Verbesserungen erzielte Einsparungen abbilden.

KVP sieht falsche Rollenbesetzungen im Systemdesign vor.

Wenn der KVP-Koordinator zugleich der Personalverantwortliche oder ein KVP-Moderator zugleich Meister ist, besteht die Gefahr, dass die entsprechenden KVP(Schlüssel-)Aufgaben nicht engagiert und erfolgreich wahrgenommen werden, weil divergierende Interessen im Spiel sind beziehungsweise den Personen mit Doppelrollen von den Mitarbeitern zugeschrieben werden. Solche Personen sind in der Regel in ihrer KVP-Funktion weder besonders resonanzfähig noch erfolgreich. Damit bleibt KVP unter seinen Möglichkeiten.

---

3   In einem mittleren produzierenden Unternehmen fällt dem Produktionsleiter bei einem Rundgang auf, daß in der Putzerei mehrere Besen unordentlich herumliegen. Er macht eine entsprechende Bemerkung und am nächsten Tag wird in einer KVP-Sitzung als Verbesserungsvorschlag eingebracht, Vorrichtungen zum Aufhängen der Besen anzubringen. Seitdem bezeichnen „Besenthemen" Verlegenheitsthemen, für die man eigentlich kein Verbesserungsmanagement braucht, die lediglich dazu dienen, KVP künstlich am Leben zu erhalten.

Es kommt zu Gewinner-Verlierer-Szenarien beziehungsweise solche werden befürchtet.

In Einzelfällen können KVP-Verbesserungen bestimmte Tätigkeiten oder sogar Mitarbeiter überflüssig machen. Entscheidend für eine daraus entstehende negative Dynamik ist nicht, ob so etwas tatsächlich häufig passiert, sondern ob diese Möglichkeit von Mitarbeitern dem KVP-System zugeschrieben und als Gewinner-/Verlierer-Szenario wahrgenommen wird sowie welche Lösungsmöglichkeiten für solche Fälle von der Geschäftsleitung im Unternehmen kommuniziert werden.

Es bestehen Kommunikationsblockaden auf verschiedenen Ebenen und an verschiedenen Schnittstellen.

Kommunikationsblockaden können KVP an verschiedenen Stellen erheblich beeinträchtigen: Beispiele sind Problemdiskussionen in KVP-Teams, die endlos am Problemkern vorbei laufen (tangentiale Kommunikationen – siehe Kapitel 3.2, Abschnitt Kommunikation) und nicht zu Ergebnissen führen sowie (insofern KVP schnittstellenübergreifend agiert) negative Verklammerungen verschiedener Akteure (Abteilungen) an Schnittstellen miteinander, die sich gegenseitig Schuld zuweisen, wodurch ebenfalls der Fluss des KVP-Geschehens blockiert wird.

2.4   KVP-Entwicklungsfelder

KVP bedarf ständiger Aufmerksamkeit und Pflege. Um auf Dauer wirkungsvoll zu sein, müssen die verantwortlichen Führungskräfte und der KVP-Koordinator dafür sorgen, dass es sich immer wieder auf Veränderungen einstellt. Die Ergebnisse unserer Untersuchung lassen sieben betriebliche Entwicklungsfelder erkennen, die alle für den nachhaltigen Erfolg von KVP von Bedeutung sind. Aufmerksamkeit und Pflege für diese Felder wirken sich selbstverständlich auch positiv auf die Wertschöpfung im Unternehmen insgesamt aus.

Entwicklungsfeld 1: Strategische Ausrichtung und KVP-Systemdesign
Es geht um eine klare strategische Begründung von KVP, um die Frage, was die Geschäftsleitung mit KVP erreichen will. Die Ziele von KVP müssen (immer wieder) im Unternehmen kommuniziert werden und den Mitarbeitern bekannt und einsichtig sein. Das Design des KVP-Systems (siehe Kapitel 2.2) sollte diesen Zielen und Ausrichtungen entsprechen.

Entwicklungsfeld 2: Themenfokussierung
Hier geht es um die Frage, welche Themen aktuell mit KVP bearbeitet werden sollen und welche nicht. Die Regel ist, dass sich die Themen, die für KVP bedeutsam sind, im Lauf der Zeit immer wieder verändern, etwa wenn zeitweise bestimmte Kunden oder Aufträge in den Vordergrund treten oder andere Anforderungen an das Unternehmen sich verändern oder wenn neue Produkte entwickelt werden. Die aktuellen Themenfokussierungen in KVP müssen laufend überprüft und kommuniziert werden.

Entwicklungsfeld 3: Controlling
Die Wirkungen von KVP sollten im Hinblick auf ihren Beitrag zur Wertschöpfung des Unternehmens bewertet und – soweit möglich – gemessen werden. Die Auswahl geeigneter Kennzahlen und deren Kommunikation ist nicht nur zur Information der Geschäftsleitung, sondern auch für die Motivation der Mitarbeiter von erheblicher Bedeutung.

Entwicklungsfeld 4: Methoden und –Medien
Die zentrale Frage ist, welche Methoden und Medien die Mitarbeiter dabei unterstützen, ihre Verbesserungsideen auszudrücken, zu kommunizieren und umzusetzen, mit welchen Methoden und Medien die Mitarbeiter, besonders diejenigen, die Träger von wichtigem Erfahrungswissen sind, gut umgehen können.

Entwicklungsfeld 5: Mitarbeiterführung
In diesem Feld geht es um die Frage, welcher Führungsstil und welches Führungsverhalten die Mitarbeiter unterstützt und ermuntert, eigene Ideen einzubringen, beziehungsweise welches Führungsverhalten blockierend wirkt.

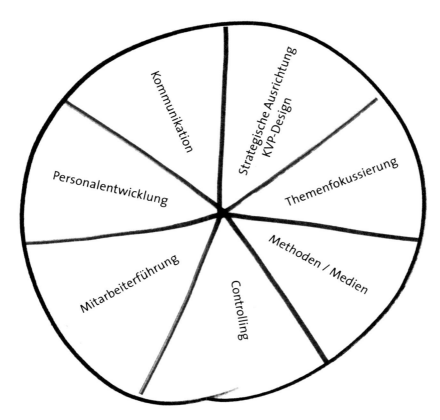

KVP-Entwicklungsfelder

Entwicklungsfeld 6: Personalentwicklung

Mitarbeiter entwickeln sich und lernen, wenn sie sich in KVP engagieren. Unter Umständen qualifiziert sich der eine oder andere dabei sogar für Führungsaufgaben. Zugleich ist zu bedenken, dass
Mitarbeiter, KVP-Moderatoren und KVP-Koordinatoren für die Wahrnehmung ihrer KVP-Aufgaben
unterstützt und qualifiziert werden müssen.

Entwicklungsfeld 7: Kommunikation

Anschlußfähige Kommunikationen, also Kommunikationen, die sich nicht gegenseitig blockieren
sondern aneinander konstruktiv anschließen, sind für alles, was in KVP geschieht, von zentraler
Bedeutung. Es geht besonders um die Kommunikation in den KVP-Teams und um die Kommunikation zwischen verschiedenen Bereichen, die bei der Umsetzung von Verbesserungsvorschlägen
gebraucht werden, wie auch um die Kommunikation im KVP-Prozess insgesamt.

3. KVP-Toolbox [4]

Wir haben für die sieben KVP-Entwicklungsfelder jeweils Tools entwickelt und praktisch erprobt, die Unternehmen darin unterstützen, ihr KVP-System zu gestalten und sich verändernden Gegebenheiten anzupassen.

Die Frage, was Tools leisten können, wird unterschiedlich beantwortet.
Unsere Auffassung ist, dass Tools
— helfen können, in Unternehmen die Aufmerksamkeit auf wichtige Probleme zu lenken, die bislang unbeachtet waren,
— die Koordination von Kommunikationsprozessen – etwa zur Lösung eines Problems, an dem viele Akteure beteiligt sind – unterstützen können,
— ganz generell die Selbstbeobachtungskompetenz von und in Unternehmen unterstützen und verbessern können.

Tools können nur kontextabhängig sinnvoll genutzt werden. Voraus gehen muß immer eine Prüfung, ob das jeweilige Tool ‚passt', beziehungsweise ob es für eine Situation ‚passend' gemacht werden kann. Dies unterstützen die Tools der Toolbox dadurch, dass die dazugehörigen Arbeitsblätter als Word- oder Exel-Dateien auf einfache Weise aus dem Internet heruntergeladen und den jeweiligen Gegebenheiten angepasst werden können.

Wir betrachten die KVP-Toolbox keineswegs als vollständiges und abgeschlossenes Produkt. Entsprechend den Unternehmen (und ihren KVP-Systemen), die sich ständig verändern (müssen), ist die KVP-Toolbox als ‚lernendes System' konzipiert, indem ihr eine internetgestützte Entwicklungsplattform zugeordnet ist (siehe Kapitel 1). Auf diese Weise wird die KVP-Toolbox wachsen, sich ständig veränderten Bedingungen anpassen und dafür die Erfahrungen und Kompetenzen vieler Akteure nutzen.

Die meisten der folgenden KVP-Tools können von Unternehmen ohne fremde Hilfe genutzt werden. Bei einigen wenigen Tools jedoch empfehlen wir externe Unterstützung. Dies ist jeweils vermerkt.

---

4   Wir benutzen die Begriffe Tool und Toolbox als für produzierende Unternehmen passende bildhafte Ausdrücke (‚Werkzeugkiste'). Sie haben sich außerdem in der Beraterliteratur eingebürgert und bezeichnen dort mehreres, sowohl Instrumente und Methoden als auch Struktur-, Prozeß- und Beobachtungsmodelle.

Übersicht über die KVP–Toolbox

Strategische Ausrichtung und System-design	Themen-fokussierung	Controlling	Methoden/ Medien	Mitarbeiter-führung	Personal-entwicklung	Kommu-nikation
S1 Workshop KVP-System	T1 Checkliste KVP-Themen	C1 System sinnvoller KVP-Kennzahlen	M1 KVP-Bespre-chung	F1 Empfelungen KVP-unter-stützender Führungsstil	P1 Anforde-rungsprofil KVP-Koordi-nator	K1 Beobach-tungsmodell tangentiale Kommunika-tion
S2 Katalog System-fragen	T2 KVP Thema des Monats	C2 KVP-Nutz-wertanalyse	M2 Blitz-KVP		P2 Anforde-rungsprofil KVP-Moderator	K2 KVP-Tag
S3 Checkliste Interessen und Rollen bei Beset-zung der KVP-Positi-onen			M3 KVP-Work-shop		P3 Lernkarte	K3 Infotafeln
S4 Workshop KVP-Neubeginn					P4 Koordinatoren-Coaching	K4 KVP-Ausstel-lung
S5 Matrix Ent-scheidungs-rechte					P5 Empfehlungen Belohnung/ Wertschät-zung	K5 KVP-Markt-platz
						K6 Beobach-tungsmodell Ausblenden von Problemen

3.1 Diagnosetool

Vorgeschalteter Bestandteil der Toolbox ist das folgende Diagnose-Tool, das dabei helfen kann, zu einer ersten groben Bewertung des eigenen KVP-Systems zu gelangen. Das Diagnose-Tool ist – wie auch die Toolbox selbst – nach den sieben Entwicklungsfeldern (siehe Kapitel 2.4) gegliedert. Das Ausfüllen des Diagnose-Fragebogens hilft zu erkennen, welche Felder besonderer Aufmerksamkeit bedürfen. Von dort führt ein direkter Weg zu den Einzeltoos (siehe Kapitel 3.2), die ebenfalls nach Entwicklungsfeldern gegliedert dargestellt sind.

Diagnose KVP-System

Was kann erreicht werden?
Erarbeitung einer groben Einschätzung: Wo stehen wir mit KVP, wo besteht Handlungsbedarf, welche Schritte und Tools sind aktuell für uns wichtig?
Das Diagnosetool hilft, den KVP-Entwicklungs-/Lernbedarf des Unternehmen in Bezug auf KVP zu identifizieren.

Wer macht's?
KVP-Koordinator, KVP-Modertoren, Geschäftsführung, bei größeren Unternehmen Produktionsleitung

Wieviel Zeit wird benötigt?
Zwei Stunden

Wann einsetzen?
Reflektierende gemeinsame Betrachtung des KVP insgesamt. Auszufüllen zunächst von der Geschäftsleitung und/oder oder dem KVP-Koordinator. Das Diagnosetool kann zur Vorbereitung eines Gesprächs mit einem Berater genutzt werden.

Wie wird's gemacht?

Die Fragen des Diagnosetools bezieht sich auf sinnvolle KVP-Standards in produzierenden kleinen und mittleren Unternehmen.

KVP-Entwicklungs-felder	Fragen	Eher ja	Eher nein	Passende Tools
(1) Strategische Ausrichtung	1.1 Verbindet die Geschäftsleitung klare strategische Ziele mit KVP?			S1, S2
	1.2 Sind diese Ziele den Mitarbeitern im Unternehmen insgesamt bekannt und von ihnen akzeptiert?			K2-K5
	1.3 Bestehen Kennzahlen, die klar erkennen lassen, ob diese Ziele erreicht sind?			C1
	1.4 Hat die Geschäftsleitung Vorstellungen, wie KVP weiter entwickelt werden soll?			S1, S2
(2) Themen-fokussierung	2.1 Besteht Klarheit im Unternehmen, welches aktuell die KVP-Themen sind und welches nicht?			T 1
	2.2 Ist die Geschäftsleitung mit den Verbesserungsvorschlägen in diesen Themenbereichen (Anzahl und Nutzen) zufrieden?			T1, T2, K2
	2.3 Gibt es weitere KVP-geeignete Themen(bereiche), die aber nicht mit KVP bearbeitet werden?			T 1, T2
	2.4 Gibt es aus Sicht der Geschäftsleitung im Unternehmen ungenutzte Verbesserungspotenziale?			T 1, T 2
(3) Controlling	3.1 Gibt es KVP-Kennzahlen?			C 1
	3.2 Werden sie im Zeitverlauf gemessen und bewertet?			C 2
	3.3 Kennen Sie den Betrag, der durch KVP im vergangenen Jahr eingespart wurde?			C 2
	3.4 Gibt es für jede Kennzahl Zielmarken?			C1
	3.5 Wenn ja, werden die Zielmarken dieses Jahr erreicht?			
	3.6 Sind die Mitarbeiter motiviert, diese Zielmarken beziehungsweise die KVP-Ziele zu erreichen?			C1
(4) Methoden Medien	4.1 Unterstützen die Methoden und Medien, die in KVP eingesetzt werden, die Generierung und Umsetzung von Verbesserungsideen?			M 1, M 2, M3
	4.2 Können die KVP-Moderatoren die Methoden und Medien kompetent handhaben?			P 2
	4.3 Können die Mitarbeiter diese kompetent handhaben?			P 3

KVP-Entwicklungs-felder	Fragen	Eher ja	Eher nein	Passende Tools
(5) Personalent-wicklung	5.1 Ist die Koordinatorenrolle mit der richtigen Person besetzt?			P 1, P4, S3
	5.2 Ist der Koordinator für seine Rolle im KVP-System ausreichend qualifiziert?			P 1
	5.3 Sind die Moderatorenrollen von den richtigen Personen besetzt?			P 2, S 3
	5.4 Sind die Moderatoren für ihre Rolle im KVP-System ausreichend qualifiziert?			P 2
	5.5 Wissen alle Mitarbeiter, worum es in KVP geht und was KVP ihnen abverlangt?			K2-K5
(6) Mitarbeiter-führung	6.1 Unterstützen alle Führungskräfte KVP?			F 1
	6.2 Wird im Unternehmen ein Führungsstil gelebt, der Mitarbeiter zu Eigeninitiative und zu neuen Ideen ermutigt?			F 1
	6.3 Wird das KVP-Engagment der Mitarbeiter auf geeignete Weise wahrgenommen und anerkannt?			P 5
(7) Kommunika-tion	7.1 Sehen Sie Blockaden in der Kommunikation zwischen Geschäftsleitung und KVP-Koordi-nator?			K1, K6
	7.2 Sehen Sie Blockaden in der Kommunikation zwischen Koordinator und Moderatoren?			K1, K6
	7.3 Sehen Sie Blockaden in der Kommunikation zwischen Koordinator und Mitarbeitern?			K1, K6
	7.4 Sehen Sie Blockaden in der Kommunikation zwischen Moderatoren und Mitarbeitern?			K1, K6
	7.5 Sehen Sie Blockaden in der Kommunikation zwischen Moderatoren und Führungskräften?			K1, K6
	7.6 Sehen Sie Blockaden in der Kommunikation zwischen Koordinator und Führungskräften?			K1, K6
	7.7 Sehen Sie Blockaden in der Kommunikation zwischen Mitarbeitern und Führungs-kräften?			K1, K8
	7.8 Läuft der Gesamtprozess im KVP-System reibungslos?			K1, K3, K6
	7.9 Wird über die Verbesserungsideen in KVP zügig entschieden?			K1, K6
	7.10 Werden die beschlossenen Verbesserungen zügig umgesetzt?			C1
	7.11 Bekommen die beteiligten Mitarbeiter aus den Entscheidungs- und Umsetzungspro-zessen regelmäßige und zeitnahe Rückmel-dungen?			K3

KVP-Entwicklungs-felder	Fragen	Eher ja	Eher nein	Passende Tools
(8) KVP-Verbesse-rungen	Wo sehen Sie Verbesserungs-/Entwicklungs-potenziale für Ihr KVP-System (bitte nennen Sie maximal 3 Stichworte)?			
	Welche Verbesserungen wollen Sie in einem Jahr erreichen (bitte nennen Sie maximal 3 Stichworte)?			
	(Wo) halten Sie externe Unterstützung für sinnvoll (bitte nennen Sie maximal 3 Stich-worte)?			

Welche Arbeitsblätter können verwendet werden?
Arbeitsblatt 1

Wird externe Unterstützung gebraucht?
Nicht notwendig. Diagnosetool kann jedoch gegebenenfalls im Rahmen eines Beratungsprozesses verwendet werden.

Womit kombinierbar?
Siehe Tabelle

3.2   KVP-Tools

Die Tools der KVP-Toolbox werden alle in der gleichen Struktur, unterstützt durch Piktogramme am linken Rand, beschrieben. Beginndend mit Zielsetzung und Nutzen werden die beteiligten Akteure, der Zeitbedarf sowie die Hilfsmittel und die Anwendungssituation bezeichnet. Zur Illustration sind jweils reale Praxisbeispiele eingefügt. Dann folgt die Darstellung des Tools: einer Checkliste, eines Ablaufdesigns, einer Matrix zur genauen Berechnung oder Beobachtung oder Handlungsempfehlungen.

Die Tools können jeweils in Verbindung mit Arbeitsblättern genutzt werden (siehe Kapitel 3.3). Wer mit den Arbeitsblättern arbeiten will und sie gegebenenfalls seinen besonderen Zwecken anpassen will, kann sie als Word- oder Exel-Dateien aus dem Internet herunterladen und seinen Zwecken anpassen (Link siehe Kapitel 1).

Was kann erreicht werden?

Wer macht's?

Wieviel Zeit wird benötigt?

Welche Hilfsmittel werden gebraucht?

?Wann einsetzen?

Wie wird's gemacht?

Wird externe Unterstützung gebraucht?

Womit kombinierbar?

S1   Workshop KVP-System

Was kann erreicht werden?

Dieser KVP-Strategieworkshop leistet die Entwicklung eines unternehmensspezifischen KVP-Systems und die Festlegung der KVP-Akteure. Ein System, das im Rahmen eines Workshops – also im gemeinsamen Miteinander – entwickelt wird, und die Eigenheiten einer Organisation berücksichtigt, hat gute Chancen, im Unternehmen akzeptiert zu werden:

Wer macht's?

3-10 Personen (Geschäftsleitung beziehungsweise erweiterter Führungskreis)

Wieviel Zeit wird benötigt?

Ein Tag Durchführung des Workshops plus ein Tag Vorbereitungszeit

Welche Hilfsmittel werden gebraucht?

Flip-Charts, Farbstifte, Pin-Wände, Moderationskarten, Moderationsmaterial

Wann einsetzen?

Die Geschäftsleitung hat entschieden, KVP einzuführen. Ziel des Workshops ist dann, sich zunächst der Motivation bewusst zu werden, die hinter dem Wunsch steht, KVP einzuführen. Auf dieser Basis wird im nächsten Schritt das unternehmenseigene KVP-System entwickelt.

In einem Unternehmen mittlerer Größe bekommt der Qualitätsbeauftragte die Aufgabe, KVP einzuführen. Es wird eine Datenbank erstellt, in der Probleme aller Art erfasst werden. Die Idee ist, dass derjenige, der ein Problem benennt, sich auch um dessen Lösung kümmert. Nach kurzer Zeit wird neben der Themenliste auch die Liste der unbearbeiteten Themen immer länger. Irgendwann wird klar, „bei KVP fehlt es am System". Im Workshop entsteht bei den Beteiligten mehr Klarheit und die Einsicht, dass KVP mehr ist, als die Erfassung von Problemen. Zukünftig werden nur noch KVP-geeignete Themen in der Verbesserungsliste erfasst, ein KVP-Team (KVP-Koordinator und Moderatoren) entscheidet über die Reihenfolge der Themenbearbeitung und bestimmt den Moderator der jeweiligen Sitzung. Die Sitzungs-Teilnehmer werden gemeinsam mit der jeweiligen Führungskraft festgelegt.

Wie wird's gemacht? – Workshop-Design

1. Schritt: Input über Nutzen und Grenzen von KVP, Überblick über die
KVP-System-Elemente

2. Schritt: In Gruppen (mit je 3 bis 5 Personen) erörtern die Teilnehmer
(Führungskreis plus Meister plus gegebenenfalls Betriebsrat), welche
Absicht das Unternehmen mit der Einführung von KVP verfolgt und
worum es dabei geht. Sie bereiten sich darauf vor, das Ergebnis im
Plenum zu präsentieren. Die Sichtweisen der Gruppen werden dann
verdichtet und zu einem Konsens geführt.

3. Schritt: Entwurf des unternehmensspezifischen KVP-Systems; im Plenum werden
die System-Fragen (siehe S 2) diskutiert und dazu Entscheidungen
getroffen. Das auf diese Weise gemeinsam erarbeitete System wird
bildlich dargestellt.

4. Schritt: In einer Kartenabfrage wird mit allen Teilnehmern erarbeitet, was die
Führungskräfte tun können, um dieses System zu realisieren und zu unterstützen. Durch Punkten werden die wesentlichen Aspekte priorisiert
und festgelegt.

5. Schritt: Im Plenum werden die allgemeinen Spielregeln für KVP festgelegt und
schriftlich fixiert.

Wird externe Unterstützung gebraucht?
Der Workshop sollte von einem erfahrenen externen oder – falls vorhanden –
internen Moderator geleitet werden.

Womit kombinierbar?
S 2

S2 Katalog Systemfragen

Was kann erreicht werden?
Gemeinsame Entwicklung und Ausgestaltung eines unternehmensspezifischen KVP-Systems im Führungskreis und Festlegung der KVP-Akteure

Wer macht's?
3-10 Personen (Geschäftsleitung, beziehungsweise erweiterter Führungskreis)

Wieviel Zeit wird benötigt?
2-3 Stunden

Welche Hilfsmittel werden gebraucht?
Flip-Charts, Farbstifte

Wann einsetzen?
Vor Einführung von KVP existiert in den Köpfen der Geschäftsleitungleitung meist nur eine unspezifische Vorstellung des (zukünftigen) eigenen KVP-Systems. Der Fragenkatalog dient dazu, diese Vorstellungen konkret in Worte und allgemeingültige Regeln zu fassen. Die Auseinandersetzung mit den systemrelevanten Fragen führt dazu, dass ein gemeinsam entwickeltes und auf das Unternehmen abgestimmtes KVP-System fixiert werden kann.

Wie wird's gemacht? – Fragenkatalog

Themen einbringen
— Welche Themen (Inhalt und Komplexität) sollen in KVP bearbeitet werden?
— Wie/von wem werden die Themen identifiziert und gesammelt?

Themen bearbeiten
— Wie werden die Themen bearbeitet (Methoden und Medien)?
— Wer bearbeitet die Themen beziehungsweise wer kann Mitglied einer
  Lösungsgruppe sein?

Lösungsvorschläge bewerten und entscheiden
— Sollen die Vorschläge bewertet werden – wenn ja von wem und nach welchen Kriterien?
— Wer entscheidet, welche Vorschläge realisiert werden?
— Wie wird entschieden (gegebenenfalls abgestufte Entscheidungskompetenzen)?

Löungsvorschläge umsetzen
— Wer setzt die Lösungen um?
— Welchen Stellenwert haben Aufträge aus KVP-Prozessen?
— Wie können Führungskräfte die Umsetzung unterstützen?

Wichtige KVP-Akteure
— Wer übernimmt die Funktion des KVP-Koordinators?
— Wer soll als Moderator ausgebildet und eingesetzt werden?
— Wenn es ein Entscheidergremium gibt – wer ist Mitglied?

KVP-Koordinator
— Welche Aufgaben und Befugnisse hat er?
— Wieviel Zeit steht ihm für KVP zur Verfügung?

KVP-Controlling
— Welche Daten sollen erfasst und ausgewertet werden?
— Was ist der Maßstab dafür, dass KVP „rund"/erfolgreich läuft?

— **Wertschätzung und Motivation**
— Welche Möglichkeiten gibt es, den Akteuren insbesondere Moderatoren und den
  beteiligten Mitarbeitern Lob, Dank und Anerkennung auszusprechen?
— Wie wird für die Akteure erkennbar, dass die Geschäftsleitung hinter KVP steht?
— Welche Möglichkeiten gibt es, im Betrieb über KVP zu kommunizieren?

Wird externe Unterstützung gebraucht?
Nein

Womit kombinierbar?
S 1, S 4, S 5

S 3 Checkliste Interessen und Rollen bei der Besetzung der KVP-Positionen

Was kann erreicht werden?

Die Checkliste hilft, die KVP-Rollen mit geeigneten Personen zu besetzen, Fehlbesetzungen im KVP-System zu vermeiden – und damit auch die negativen Verläufe, die aus solchen Fehlbesetzungen erwachsen können. Auch bei jeder Veränderung von Entscheidungskompetenzen kann die Checkliste gute Dienste leisten.

Wer macht's?

Geschäftsleitung

Wieviel Zeit wird benötigt?

2 – 3 Stunden

Wann einsetzen?

Eine der wichtigsten Entscheidungen, die bei Einführung von KVP sowie oft auch bei Veränderungen des KVP-Systems zu treffen sind, ist die Besetzung der KVP-Rollen, insbesondere die des KVP-Koordinators und die der KVP-Moderatoren.

In einem produzierenden Unternehmen mit circa 70 Mitarbeitern wird die Position des KVP-Koordinators mit dem EDV-Leiter besetzt, um im KVP-System jemanden zu haben, der die Dokumentation der KVP-Prozesse, ihrer Ergebnisse und der verschiedenen KVP-Listen technisch perfekt handhaben kann – mit der Konsequenz, dass andere wichtigere Aufgaben des Koordinators nicht optimal wahrgenommen werden und KVP bei den Mitarbeitern nicht sehr angesehen ist.

In einem anderen Unternehmen gleicher Größenordnung wird für die Koordinatorenposition die Personalleiterin ausgewählt, weil man ihr ein gutes Management der verwaltungstechnischen KVP-Abläufe (Einladungen zu Sitzungen, Verteilung der Informationen und dergleichen.) zutraut – mit der Konsequenz, dass KVP mehr verwaltet als geführt wird und schließlich nur noch als Scherbenhaufen existiert.

In einem dritten ebenfalls kleinen Unternehmen werden die Meister zu KVP-Moderatoren gemacht, weil diese für die Freistellung von Mitarbeitern zu KVP-Sitzungen zuständig sind sowie zum Teil die Umsetzungen der Verbesserungsvorschläge direkt realisieren können – mit der Konsequenz, das KVP zunehmend in die Mitarbeiterbesprechungen in den Meisterbereichen integriert und als eigenständiges Managementsystem immer unkenntlicher wird.

Wie wird's gemacht?

Mit Hilfe der folgenden Checkliste werden die Kandidaten im Hinblick auf ihre Eignung für KVP beurteilt. Dabei geht es jeweils um die Frage, ob einer Person die Merkmale, die in der folgenden Auflistung bezeichnet werden, zugeschrieben werden können oder nicht sowie ob die Möglichkeit gesehen wird, diese zu erwerben und wie eine entsprechende Unterstützung aussehen könnte.

Rolle und Interesse – KVP-Koordinator
— Unterstützung der Motivation der Mitarbeiter, sich an KVP zu beteiligen
— Gute Ergebnisse von KVP-Sitzungen
— Wirkungsvolle Präsentation der KVP-Ergebnisse
— Schnelle Umsetzung der KVP-Ergebnisse
— Ständige Überprüfung und Controlling des KVP-Systems mit sinnvollen Kennzahlen
— Stabilisierung des KVP-Systems
— Vertrauter Umgang mit der Geschäftsleitung
— Guter Kontakt zu allen Führungskräften, ohne sich von diesen zu sehr einbinden zu lassen
— Hohe fachliche und persönliche Akzeptanz bei den Mitarbeitern

Rolle und Interesse – KVP-Moderator
— Unterstützung der Motivation der Mitarbeiter, sich an KVP zu beteiligen
— Gute Ergebnisse von KVP-Sitzungen
— Wirkungsvolle Präsentation der KVP-Ergebnisse
— Befähigung zu moderieren
— Schnelle Umsetzung der KVP-Ergebnisse

Welche Arbeitsblätter können verwendet werden?
Arbeitsblatt 15:   „Bewertungsbogen KVP-Koordinator"
Arbeitsblatt 16:   „Bewertungsbogen KVP-Moderator"

Wird externe Unterstützung gebraucht?
Nein

Womit kombinierbar?
S 1, S 5, P 1, P 2

S 4   Workshop KVP-Neubeginn

Was kann erreicht werden?

Der Workshop Neubeginn ermöglicht, aus einer distanzierten Perspektive Vergangenheit, Gegenwart und Zukunft von KVP im Unternehmen zu betrachten, um eine bewusste Verabschiedung gewohnter Regelungen, Abläufe und Werte, die als nicht mehr passend empfunden werden, vorzunehmen. Dies ist Voraussetzung eines Neubeginns mit KVP, der dann nicht mehr als ‚alter Wein in neuen Schläuchen' empfunden wird.

Grundsätzlich neue Lösungen fallen nach einem Abschied leichter und laufen reibungsloser. Außerdem hilft der Workshop, die Spaltung in Bewahrer und Veränderer zu vermeiden.

Wer macht's?

Wichtig ist die Teilnahme unterschiedlicher Akteure: Mitglieder der Geschäftsleitung, KVP-Koordinator, verschiedene Moderatoren und Mitarbeiter (5 – 14 Personen, je nach Unternehmensgröße)

Wieviel Zeit wird benötigt?

1,5 – 2 Tage (einschließlich Vorbereitung)

Welche Hilfsmittel werden gebraucht?

Flip-Charts, Farbstifte, Pin-Wände, Moderationskarten, Moderationsmaterial, Papier, Schreibmaterial

Wann einsetzen?

Es ist in der Praxis nicht selten, dass – nach einer Phase des ‚Strampelns' – eine Geschäftsleitung sich von der Vorstellung verabschieden muß, KVP könne so wie bisher – vielleicht mit einigen kosmetischen Korrekturen – weitergeführt werden. Es reift langsam die Einsicht, dass es nicht mehr ausreicht, ‚mehr desselben' zu tun, dass KVP vielmehr ein grundlegend neues Gesicht braucht.

In einem Unternehmen der Metallverarbeitung wird KVP seit geraumer Zeit nur noch durch Druck der Hierarchie am Leben erhalten. Die Mitarbeiter nehmen dem Management insgesamt nicht ab, dass es mehr will, als eine KVP-Fassade. Weil die Geschäftsleitung zur Sicherung der Wettbewerbsfähigkeit KVP als wesentliches Instrument ansieht und auch das Qualitätsmanagement-System des Unternehmens die Existenz eines funktionierenden Verbesserungssystems fordert, soll der KVP-Gedanke im Unternehmen fortgeführt werden.

In einem eintägigen Workshop entwickeln Geschäftsleitung gemeinsam mit Moderatoren und Mitarbeitern ein völlig neues KVP. So bekommen zum Beispiel Mitarbeiter in der Produktion, die Schwierigkeiten mit der Verbalisierung ihrer Ideen haben, die Möglichkeit, diese direkt am Arbeitsplatz zu demonstrieren; einige Moderatoren werden in einer Problemlösemethode, die geeignet ist, Ablaufthemen zu bearbeiten, ausgebildet; die gefürchteten Problemspeicher werden abgeschafft; der Begriff KVP wird durch TOP (Team – Optimierung – Produktivität) ersetzt.

Wie wird's gemacht?

In der Praxis werden Dinge, die nicht so erfolgreich funktionieren, wie man es sich vorgestellt hat, vom Management gern ‚unter den Teppich gekehrt'. Daher sollte vor dem Workshop eine Mitarbeiterinformation stattfinden. In dieser Informationsveranstaltung geht es vor allem darum, glaubhaft zu machen, dass die Geschäftsleitung einen Schlussstrich beabsichtigt und all die Regelungen, Verhaltensweisen und Entscheidungen, die dazu geführt haben, dass KVP nicht mehr oder nur noch fassadenhaft stattfindet, beim Namen nennt und gegebenenfalls eingesteht, zu lange am bisherigen KVP festgehalten zu haben. In einem zweiten Schritt muss für die Mitarbeiter deutlich werden, warum die Firmenleitung dennoch künftig an KVP, wenn auch in veränderter Form, festhalten möchte. Anschließend werden die Mitarbeiter über den geplanten Workshop „KVP-Neubeginn" informiert.

Workshop-Design

1. Schritt: Input über Veränderungsprozesse: Abschied, Erinnerung, liebgewonnene Gewohnheiten, eingefahrene Muster, Mitnehmen..., Verweis auf das bisherige KVP-System (als Bild dargestellt)

2. Schritt: In Gruppen (bis zu fünf Personen) erarbeiten die Teilnehmer
   — welche KVP-Ereignisse haben uns geprägt?
   — was sind die Schwächen unseres KVP-Systems?
   — was sind die Stärken unseres KVP-Systems, worauf sind wir stolz,
   — was ist uns lieb und wert?
   — ... und bereiten sich darauf vor, die Ergebnisse symbolisch (Bild, kleine Geschichte, Sketch oder ähnliches) zu präsentieren.

3. Schritt: Die Gruppen präsentieren ihre Ergebnisse.

4. Schritt: Es wird diskutiert, wovon man sich verabschieden muss beziehungsweise was man – eventuell in modifizierter Form – beibehalten kann. In einem Abschiedsritual werden die Dinge, von denen man sich zu trennen gedenkt, symbolisch ‚bestattet‘ (Trauerreden, Denkmäler).

5. Schritt: Nun wird am Neubeginn gearbeitet. Das Beibehaltene wird aufgelistet und die Workshopteilnehmer erarbeiten mit Hilfe der KVP-Systemfragen (S 2) das neue KVP-System. Zum Abschluss wird das neue System bildlich dargestellt.

6. Schritt: Jede Gruppe (bis zu fünf Personen) zeichnet ein Bild davon, wie es das Unternehmen mit dem neuen KVP in einem Jahr sieht.

7. Schritt: Das Erarbeitete wird im Plenum präsentiert; gemeinsam wird festgelegt, welches Bild stellvertretend für alle anderen im Unternehmen ausgehängt wird.

Wird externe Unterstützung gebraucht?

Der Workshop sollte von einem erfahrenen (externen oder – wenn vorhanden – internen) Moderator geleitet werden.

Womit kombinierbar?

S 2, S 3, S 5, K 2 – K 5

S 5   Matrix Entscheidungsrechte

Was kann erreicht werden?

Die Matrix unterstützt die Einrichtung klarer Entscheidungs- und Verantwortlichkeitsstrukturen sowie Zeithorizonte im KVP-System (bis wann muß wer über einen Verbesserungsvorschlag entschieden haben und bis wann müssen Rückmeldungen an die Mitarbeiter gegeben worden sein). So kann erreicht werden, dass die KVP-Prozesse besser fließen, mehr Verbesserungsvorschläge kommen und in kürzerer Zeit umgesetzt werden. Auch bei jeder anderen beabsichtigten Veränderung von Entscheidungskompetenzen leistet die Matrix gute Dienste.

Wer macht's?

Geschäftsleitung eventuell in Abstimmung mit Produktionsleitung und KVP-Koordinator

Wieviel Zeit wird benötigt?

0,5 Tage

Wann einsetzen?

In vielen KVP-Systemen ist – oft ohne daß die Beteiligten sich dessen bewusst sind – nicht klar geregelt, wer was wann zu entscheiden und zu verantworten hat.

In einem produzierenden Unternehmen mit circa 90 Mitarbeitern ist nicht festgelegt, wie weitgehend ein KVP-Team eigene Verbesserungsvorschläge auch umsetzen darf. Eigentlich ist die Ansage der Geschäftsleitung: „macht mal." Andererseits trauen sich die Mitarbeiter nicht, am Vorgesetzten (Fertigungsleiter) vorbei etwas zur Umsetzung ihrer Verbesserungsideen zu tun. So passiert es immer wieder, dass abgewartet wird, gute Ideen auf der Strecke bleiben und schließlich immer weniger gute Ideen geäußert werden.

Wie wird's gemacht?

Die Matrix Entscheidungsrechte hilft der Geschäftsleitung, Entscheidungsrechte der KVP-Akteure und weiterer indirekt Beteiligter (Experten, Linienvorgesetzte, QM-Mitarbeiter und anderer), klar zu definieren. Besteht hier bei der Geschäftsleitung Klarheit, kommt es dann darauf an, die getroffenen Regelungen im Unternehmen vor allem auch gegenüber den Mitarbeitern zu kommunizieren.

Es ist wichtig, verschiedene Arten der Beteiligung an Entscheidungen voneinander zu unterscheiden:

Art der Entscheidungsbeteiligung	Erklärung
Entscheidung	Der Schlussstrich am Ende eines Prozesses. Die Person(en), die am Ende entscheiden, haben auch zu verantworten
Beteiligung	Das Recht, am Entscheidungsprozess beteiligt zu werden und die eigene Meinung zu vertreten
Information	Das Recht, über eine Entscheidung und/oder über den Fortgang eines Entscheidungsprozesses im Vorhinein informiert zu werden
Eskalation	Das Recht, bei einer anstehenden oder getroffenen Entscheidung bis hin zum Veto zu eskalieren
Veto	Das Recht, eine Entscheidung zu verhindern beziehungsweise rückgängig zu machen

Die folgende Matrix hilft, das Ergebnis der Festlegung von KVP-Entscheidungsregeln zu visualisieren. Sie kann jeweils nur für eine Entscheidungsart ausgefüllt werden (Entscheidungsrechte in Bezug auf Verbesserungsvorschläge, Entscheidungsrechte in Bezug auf Ressourcen für KVP, Entscheidungsrechte über Auswahl der KVP-Akteure und Entscheidungsrechte in Bezug auf KVP-Systemänderungen):

	Geschäfts-leitung	KVP-Koordinator	KVP-Moderato-ren	Mitarbei-ter/KVP-Teams	Zuständiger Vorge-setzter (Meister)	Betriebsrat
Entscheidung (bis wann spätestens)						
Beteiligung (zu welchem Zeitpunkt)						
Information (zu welchem Zeitpunkt)						
Eskalation						
Veto						

Welche Arbeitsblätter können verwendet werden?

Arbeitsblatt 2:   „Entscheidungsrechte über Verbesserungsvorschläge"

Arbeitsblatt 3:   „Entscheidungsrechte über Ressourcen für KVP"

Arbeitsblatt 4:   „Entscheidungsrechte über Auswahl der KVP-Akteure"

Arbeitsblatt 5:   „Entscheidungsrechte über Veränderungen des KVP-Systems"

Wird externe Unterstützung gebraucht?

Nein

Womit kombinierbar?

S 1, S 4

T1   Checkliste KVP-Themen

Was kann erreicht werden?

Die Checkliste hilft, die aktuellen KVP-Themen zu überprüfen und dabei gegebenenfalls weitere KVP-geeignete Themen zu identifizieren, die bislang nicht in KVP bearbeitet wurden. Die Beobachtung des KVP-Geschehens mit Hilfe der Checkliste kann dazu führen, dass ein Umsteuern auf neue Themen im KVP-System als erforderlich erkannt wird – mit unter Umständen aufwendigen Konsequenzen für das KVP-System insgesamt.

Wer macht's?

KVP-Koordinator, eventuell in einer Gruppe mit Moderatoren und Mitarbeitern

Wieviel Zeit wird benötigt?

1 – 2 Stunden

Welche Hilfsmittel werden gebraucht?

Bei Bearbeitung in einer Gruppe Flipcharts und Farbstifte

Wann einsetzen?

Nicht alle Verbesserungsthemen im Betrieb eignen sich für KVP. Reparaturen sind generell Aufgaben der Instandhaltung. Die Erfüllung gesetzlich vorgeschriebener Arbeitssicherheitsanforderungen sind ebenfalls normalerweise keine KVP-Themen. Größere Veränderungen wie Umstrukturierungen des Layouts einer Produktionshalle oder bauliche Maßnahmen benötigen ein Projektmanagement und sind in KVP normalerweise nicht sinnvoll bearbeitbar. Im Einzelfall können die Grenzen in all diesen Fällen zu KVP fließend sein. Positiv ausgedrückt sind KVP-Themen all die vielen alltäglichen Störungen, Verschwendungen, Mängel und Behinderungen im Arbeitsablauf, durch deren Beseitigung sich oft Qualitätsverbesserungen und Kosteneinsparungen, in Einzelfällen auch Innovationen, erzielen lassen. Verbesserungsthemen können sich im Laufe der Zeit verändern oder ihre Bedeutung verlieren, was von den KVP-Akteuren nicht immer bemerkt wird.

In einem kleinen Unternehmen mit überaltertem Maschinenpark hat KVP jahrelang von den kleinen Verbesserungen und Anpassungen an den Maschinen ‚gelebt'. Als das Unternehmen neue Maschinen kaufte, gingen KVP die Themen aus. Niemandem fiel zunächst auf, dass es auch in den Arbeitsabläufen eine ganze Reihe von KVP-geeigneten Problemen gab. Als die Verantwortlichen sich dies klar gemacht hatten, legte die Geschäftsleitung fest, dass zukünftig nicht mehr arbeitsplatzbezogene Themen, sondern Probleme an der Schnittstelle zwischen Fertigung und Konstruktion in KVP bearbeitet werden sollen. Daraus ergaben sich Auswirkungen auf die Gestaltung der KVP-Sitzungen, auf die Methoden, mit denen in den Sitzungen gearbeitet wird und auf die Personen, die einbezogen werden müssen (Konstrukteure) bis hin zu neuen Wegen und Schwierigkeiten der Umsetzung von KVP-Lösungen.

Wie wird's gemacht?

Checkliste KVP-geeigneter Themenbereiche

Themenbereiche	Allgemeine Beispiele
Organisation/Abläufe/ Arbeitsmethoden	— Unsinige Wege — Doppelarbeiten — unnötige Lagerhaltung — unklare Regelungen — zu späte Einbindung vor- oder nachgelagerter Stellen — überflüssige Transporte
Qualität	— Zu hoher Nacharbeitsaufwand — Zu hoher Ausschuß — Immer wiederkehrende Toleranzabweichungen
Material und Energie	— Nicht optimale Materialzuschnitte — Maschinen laufen unnötig — Zu hoher Einsatz von Kühl-/Schmierstoffen
Arbeitsbedingungen/ Arbeitssicherheit/ Gesundheit	— Zu hoher Lärmpegel — Zu hohe Schadstoffkonzentrationen — Unfallgefahr durch fehlerhafte Anlagen/Arbeitsmittel
Ordnung und Sauberkeit	— Unübersichtliche Lagerhaltung — Sauberkeit am Arbeitsplatz/an den Maschinen — Anordnung de Arbeitsmittel
Information und Wissen	— Konstruktionszeichnungen nicht fertigungsgerecht — Unzureichende Planungsunterlagen — Fehlerhafte Maschinendokumentationen — Nichtaktuelle Etikettierungen
Mitarbeitereinsatz	— Fehler durch Ausbildungsmängel einzelner Mitarbeiter — Unterhalb ihres Erfahrungs-/Ausbildungsniveaus eingesetzte Mitarbeiter — Ungenügende Einbindung von Mitarbeitern/ihres Erfahrungswissens — Fehler durch mangelnde Kooperationen

Welche Arbeitsblätter können verwendet werden?

Arbeitsblatt 6:   „KVP-Themen und -Probleme identifizieren"

Wird externe Unterstützung gebraucht?

Nein

Womit kombinierbar?

T2 und K6

T2　Checkliste: KVP-Thema des Monats

Was kann erreicht werden?

Mit der Kommunikation eines bestimmten Themas oder Themenbereichs wird eine für sinnvoll gehaltene Themenfokussierung im KVP-System unterstützt.

Wer macht's?

Geschäftsleitung/Produktionsleitung, KVP-Koordinator

Wieviel Zeit wird benötigt?

Ein Monat plus circa 2 Wochen Vorlaufzeit.

Wann einsetzen?

In vielen Unternehmen bewegt sich KVP auf ‚eingefahrenen Gleisen':

Die Mitarbeiter haben Erfahrungen mit einer bestimmten Art von Themen, zum Beispiel mit Handhabungsproblemen an Maschinen, und dort liegt aus Gewohnheit ihre Aufmerksamkeit. Wenn die Geschäftsleitung feststellt, dass es wichtige Verbesserungspotenziale auch in ganz anderen Problembereichen gibt, braucht es ein Mittel zum Umsteuern der Energie und Aufmerksamkeit der KVP-Akteure.

Ein produzierendes Unternehmen mit 120 Mitarbeitern, das zu einem hohen Anteil bestimmte Edelmetalle verarbeitet, wird durch einen Anstieg der Weltmarktpreise für diese Edelmetalle erheblich in seine Kostenstruktur getroffen. KVP war bisher auf technische Handhabungsprobleme an Maschinen und vereinzelt auch auf Ablaufprobleme fokussiert. Die Geschäftsleitung beschließt, als ‚KVP-Thema des Monats' „Materialeinsparungsmöglichkeiten bei der Verarbeitung von Edelmetallen" im Unternehmen zu kommunizieren.

Wie wird's gemacht?

Checkliste

— Voraussetzung: Offenheit und Aufmerksamkeit der Geschäftsleitung für Ideen und Vorschläge im Unternehmen
— Entscheidung der Geschäftsleitung: KVP-Thema des Monats – von ... bis (Terminsetzung) – weil dieses Thema wettbewerbsrelevant (geworden) ist
— Bereitstellung von Ressourcen für die Umsetzung (Investitionsmittel, Zeit für Mitarbeiterinformation, Infoblatt u. a.)
— Delegation der Umsetzung an den KVP-Koordinator
— Infoblatt zum neuen KVP-Thema für die Mitarbeiter in den KVP-Teams vor Beginn des Monats
— Parallel besondere Einweisung der Moderatoren durch den KVP-Koordinator und Planung der KVP-Teamsitzungen
— Intensive Prozessbegleitung durch den KVP-Koordinator
— Sitzung des Entscheidergremiums am Monatsende
— Auswertung der Ergebnisse in der Geschäftsleitung mit dem KVP-Koordinator eventuell mit Einschluß der KVP-Moderatoren unter folgenden Fragestellungen:
Welches sind die Ergebnisse des Monats?
Ist das ‚KVP-Thema des Monats' für uns ein wichtiges Thema?
Wie wurde es von den Mitarbeitern aufgenommen?
Wollen wir es längerfristig bearbeiten und wenn ja, in welcher Form?
— Entscheidung der Geschäftsleitung zum weiteren Vorgehen.

Welche Arbeitsblätter können verwendet werden?
Arbeitsblatt 7:   „Infoblatt KVP-Thema des Monats"
Arbeitsblatt 8   „Checkliste Prozessbegleitung KVP-Thema des Monats"

Wird externe Unterstützung benötigt?
Nein

Womit kombinierbar?
T1

C 1   System sinnvoller KVP-Kennzahlen

Was kann erreicht werden?

KVP-Kennzahlen ermöglichen, Ziele überprüfbar zu definieren und deren Erreichungs-grad kontinuierlich zu messen beziehungsweise zu bewerten. Voraussetzung ist, dass zuvor die strategischen Ziele, die die Geschäftsleitung mit KVP verfolgt, klar bestimmt sind. Darüber hinaus machen die KVP-Kennzahlen, insoweit sie zu erfüllende Vorgaben festlegen, jedem Mitarbeiter klar, worum es der Geschäftsführung mit KVP hauptsäch-lich geht. Sie können dem Wachstum und der Produktivität von KVP ebenso nützlich wie schädlich sein, je nachdem, ob sie die Aufmerksamkeit auf die ‚richtigen‘ oder auf die ‚falschen‘ Dinge lenken.

Wer macht's?

Geschäftsleitung/Produktionsleitung, KVP-Koordinator

Wieviel Zeit wird benötigt?

Die Einführung eines KVP-Controlling dauert – je nach bestehenden Voraussetzungen – 1 bis 3 Wochen

Wann einsetzen?

Kein Unternehmen kann es sich auf Dauer leisten, KVP ohne Controlling – also ohne ständige begleitende Überprüfung des Aufwandes und Nutzens des KVP-Systems – einzuführen beziehungsweise laufen zu lassen. Das wesentliche dabei ist, was man misst, und welche Zielgrößen und Messergebnisse wie im Unternehmen kommuni-ziert werden. KVP-Controlling ist eine der zentralen Aufgaben des KVP-Koordinators. Dieser verfolgt die Entwicklung der KVP-Prozesse und bewertet sie an Hand der KVP-Kennzahlen. Dies sollte auf zwei Ebenen geschehen: auf der Ebene des KVP-Systems insgesamt sowie auf der Ebene der einzelnen Verbesserungsvorschläge, deren Doku-mentation einschließlich ihrer Umsetzung und Effekte ebenfalls wichtiger Bestandteil des KVP-Controlling ist.

In einem produzierenden Unternehmen mittlerer Größe wurden bei KVP-Einführung von der Geschäftsleitung als zentrale Kennzahlen die Anzahl der KVP-Sitzungen sowie die Anzahl der Verbesserungsvorschläge pro Zeiteinheit vorgegeben. So entseht Druck, in jedem Fall die – turnusmäßigen – Sitzungen durchzuführen, unabhängig davon, ob etwas anliegt oder nicht, und Vorschläge einzubringen, unabhängig davon, ob sie in KVP passen oder lediglich zurückgehaltene und/oder ‚frisierte‘ Instandhaltungsthe-men sind, die eigentlich anderswo hin gehören. In einem schleichenden Prozeß wird KVP zur Fassade, die Mitarbeiter sitzen ihre Zeit ab und behandeln Pseudoverbesse-rungen.

Wie wird's gemacht?

KVP-Kennzahlen (Bewertung des KVP-Systems insgesamt)

	KVP-Aufwand (pro Zeiteinheit)	KVP-Nutzen (pro Zeiteinheit)	Zielgrößen
quanti-tativ	— Investitionen in Umsetzungsaktivitäten (P) — KVP-Sitzungen (Anzahl, Beteiligte, Stundenvolumen x Geldfaktor) (P) — Arbeitszeit Koordinator (Stundenvolumen x Geldfaktor) (P) — Aus- und Weiterbildungsbildungsaufwand Koordinator (P) — Aus- und Weiterbildungsaufwand Moderatoren (P) — Materielle Infrastruktur (z. B. KVP-Datenbank) (P)	— Anzahl der Verbesserungsvorschläge — Anzahl der umgesetzten Verbesserungsvorschläge — Zeitdauer vom Vorschlag bis zur Entscheidung — Zeitdauer von der positiven Entscheidung zur Umsetzung — Einsparvolumen (P) — Qualitätsverbesserungen (z. B. Senkung des Nacharbeitsaufwandes oder von Fehlerquoten)	... ...
qualita-tiv		— Verbesserungsvorschläge nach Sachgebieten — Kompetenzerweiterung — Zuwachs Innovationsfähigkeit — Zuwachs Mitarbeiterzufriedenheit und Motivation — Zuwachs Arbeitsschutz und -sicherheit — Verbesserung von Abläufen — Verbesserung der Kommunikation	... ...

KVP-Kennzahlen (für jede einzelne umgesetzte Verbesserung)

	KVP-Aufwand (pro Zeiteinheit)	KVP-Nutzen (pro Zeiteinheit)	Zielgrößen
quanti-tativ	— Investitionen in Umsetzungsaktivitäten — KVP-Sitzung(en) — Zeitaufwand indirekt Beteiligter — Dokumentation	— Eingesparte Kosten — Zeitdauer vom Vorschlag zur Entscheidung — Zeitdauer von der positiven Entscheidung zur Umsetzung — Qualitätsverbesserungen (z. B. Senkung des Nacharbeitsaufwandes oder von Fehlerquoten)	... ...
qualita-tiv		— Kompetenzzuwachs — Zuwachs Arbeitsschutz und -sicherheit — Verbesserung von Abläufen	... ...

Jedes Unternehmen sollte aus den oben stehenden Tabellen die **passenden Kennzahlen** aus-wählen und für die ausgewählten Kennzahlen **passende quantitative Zielgrößen** festlegen (zum Beispiel für die Aufwandskennzahl ‚Arbeitszeit Koordinator' entweder die Stunden, die dieser mit KVP beschäftigt ist und/oder anteilige Kosten seiner Stelle).

Bei der Auswahl der Kennzahlen sollte die Geschäftsleitung darauf achten, dass diese die **strategischen Ziele**, die mit KVP angestrebt werden, ausdrücken oder ihnen zumindest nicht entgegenstehen. Widersprüche an dieser Stelle wirken sich negativ sowohl in der Kommuni-kation als auch auf die Motivation der Mitarbeiter aus.

Auch die **qualitativen Kennzahlen** sollten soweit wie möglich monetär ausgedrückt, gegebe-nenfalls geschätzt werden.

Auch die **Kennzahlen, die nicht unmittelbar die strategischen KVP-Ziele** zum Ausdruck bringen, sind nützlich: zum Beispiel die Zeitdauer vom Verbesserungsvorschlag zur Ent-scheidung über seine Umsetzung, oder die Zeitdauer der Umsetzung, oder der Anteil der umgesetzten Verbesserungen an den Verbesserungsvorschlägen insgesamt. Diese Kennzahlen unterstützen die Reflexion über das KVP-System und dessen Verbesserung.

Ausgewählte Kennzahlen können zu **‚Meßlatten'** weiterentwickelt werden (zum Beispiel: Wir wollen pro Halbjahr oder Monat ein Einsparvolumen von X Euro erzielen). Dabei ist jedoch sehr sorgfältig darauf zu achten, dass solche Meßlatten immer auch das Risiko einer einsei-tigen Betrachtungsweise mit unter Umständen für das KVP-System insgesamt schädlichen Folgen in sich bergen können.

In der **Kommunikation** im Unternehmen sollten die Kostenspareffekte durch das KVP-Sys-tem wie auch durch einzelne Verbesserungen, die erzielten Qualitätsverbesserungen, die Entscheidungs- und Umsetzungsgeschwindigkeit sowie die qualitativen Nutzeneffekte im Vordergrund stehen.

Auf Basis der Kennzahlen sollten auch **Belohnungen und Wertschätzung** für KVP-aktive Mit-arbeiter ausgedrückt werden.

Um die Produktivität von KVP zu bewerten, können die mit einem „P" gekennzeichneten Aufwandskennzahlen zu den ebenfalls mit einem „P" gekennzeichneten monetarisierten Nutzenkennzahlen auf KVP-System-Ebene (siehe oben Tabelle Seite 49) miteinander in Beziehung gesetzt werden. Die resultierende **Produktivitätskennziffer** kennzeichnet den unmittelbaren ökonomischen Nutzen von KVP (ohne Berücksichtigung der qualitativen Nutzenaspekte).

Welche Arbeitsblätter können verwendet werden?
Arbeitsblatt 20: „KVP-Kennzahlen"

Wird externe Beratung benötigt?
Nein

Womit kombinierbar?
S 1, S 4, C 2, P 5, K 3, K4, K 5

C2 KVP-Nutzwertanalyse

Was kann erreicht werden?

Erarbeitete Lösungsvorschläge können mit Hilfe der KVP-Nutzwertanalyse schnell und sicher bewertet werden. Auf dieser Grundlage können Realisierungs- und Investitionsentscheidungen getroffen werden. Außerdem unterstützt die Anwendung der Nutzwertanalyse das unternehmerische Denken bei Mitarbeitern.

Wer macht's?

KVP-Koordinator, eventuell Moderatoren

Wieviel Zeit wird benötigt?

15 – 30 Minuten je KVP-Thema

Welche Hilfsmittel werden gebraucht?

Informationen aus der betrieblichen Kostenrechnung, Arbeitsvorbereitung und dem Verkauf/Vertrieb

Wann einsetzen?

Die Firmenleitung möchte zeitnah und allgemein nachvollziehbar entscheiden, welche Lösungsvorschläge realisiert werden, in welche Ideen investiert wird und in welche nicht. Dazu braucht sie ein Instrument, das ,mit einem Blick' Aufschluss darüber gibt, welche Lösungen sich rechnen und welche nicht. Hierzu können die unterschiedlichen KVP-Lösungen miteinander verglichen werden (**Alternativenvergleich**) oder die bestehende Ist-Situation mit einer bestimmten KVP-Lösung (**Vorher-Nachher-Vergleich**).

In einem produzierenden Unternehmen mit circa 100 Mitarbeitern wurde einige Zeit eher nach Bauchgefühl und oftmals erst nach langem hin und her entschieden, ob die von den Mitarbeitern erarbeiteten Lösungsvorschläge, insoweit sie Investitionen nach sich ziehen, realisiert werden oder nicht. Für Moderatoren und Mitarbeiter war nicht erkennbar, nach welchen Kriterien Investitionen genehmigt beziehungsweise abgelehnt wurden. Dies führte neben Unsicherheit, Frustration und Irritationen auch dazu, dass die Mitarbeiter den Raum möglicher und sinnvoller Lösungen von vornherein selbst eingrenzten. In den KVP-Sitzungen waren Kommentare wie: „In diese Richtung brauchen wir gar nicht mehr weiter zu denken, das bekommen wir beim Entscheider-Gremium doch nicht durch!" nicht selten. Nach Einführung der KVP-Nutzwertanalyse kehrt wieder Ruhe ein, die Diskussionen mit den Meistern und Moderatoren über Entscheidungen und die Spekulationen darüber, warum eine bestimmte Maßnahme abgelehnt worden war, nehmen ab. Darüber hinaus wird der KVP-Prozess beschleunigt: in den meisten Fällen wird direkt im Anschluss an die Präsentation der Lösungsvorschläge über deren Umsetzung entschieden.

Wie wird's gemacht?

Nutzwertanalysen für KVP sind nur dann dem System dienlich, wenn sie leicht nach-vollziehbar und selbsterklärend sind. Es geht eher um eine ‚Pi-mal-Daumen-Rechnung' und nicht darum, eine Lösung auf den letzten Euro genau zu berechnen. Wichtig beim Einsatz von Nutzwertanalysen ist, dass die Bewertung eines Lösungsvorschlages nicht länger dauert als dessen Erarbeitung. Komplexe Analysen wirken eher kontraproduktiv.

Besondere Aufmerksamkeit und Verständlichkeit erreichen die Nutzwertanalysen, wenn sie ergänzt werden durch Fotos oder Videoaufnahmen, die die verschiedenen Alternativ-lösungen oder die Situation vorher/nachher darstellen.

Beispiel einer Nutzwertanalyse (alle Werte darin sind frei erfunden):
Vorher-Nachher-Vergleich einer Zeiteinsparung

	Rechenformel	Ist-Situation	Mit KVP-Lösung
Zeit in Industriesekunden (te)		0,5	0,3
Benötigte Zeit in sec (t)	$t = 60*te$	30 s	18 s
Relevante Stückzahl p.a. (s)		25.000	25.000
Gesamtzeit p.a. in h (T)	$T = s*t / 3600$	208 h	125 h
Einsparung p.a. in h (E)	$E = T_{ist}-T_{KVP}$		83 h
Einsparung p.a. in €; 30€/h (E$_€$)	$E_€ = E * 30€/h$		2.500 €
Gesamtkosten in € (K) Hierzu zählen z.B. Kosten für Bearbeitung, Bemusterung, Werkzeug, Material...			400 €
Amortisation in Jahren (A)	$A = K/E_€$		0,32
Einsparung in 2 Jahren (E$_2$)	$E_2 = (E_€-K) *2$		4.600 €

Welche Arbeitsblätter können verwendet werden?
Arbeitsblatt 9:   „Kalkulationsschema KVP-Nutzwertanalyse"

Wird externe Beratung benötigt?

Nein

Womit kombinierbar?

C1, K4

M1　KVP-Besprechung

Was kann erreicht werden?

Gut gestaltete, moderierte und protokollierte KVP-Besprechungen tragen dazu bei, dass sinnvolle und praktikable Verbesserungsvorschläge entstehen.

Wer macht's?

KVP-Koordinator, KVP-Moderatoren, KVP-Teams

Welche Hilfsmittel werden gebraucht?

Flip-Chart, Farbstifte

Wann einsetzen?

KVP-Besprechungen werden in der Praxis sehr unterschiedlich gestaltet: Sie können regelmäßig in festen Teams oder nach Bedarf, entweder im separaten Sitzungsraum oder direkt vor Ort am Arbeitsplatz, stattfinden. Unabhängig davon sollen sie in kurzer Zeit umsetzbare Ergebnisse bringen: neue Verbesserungsvorschläge oder die Umsetzung eines bereits beschlossenen Verbesserungsvorschlages.

In einem mittelgroßen produzierenden Unternehmen stellt der KVP-Koordinator fest, dass sich die turnusmäßigen KVP-Besprechungen zum großen Teil in Problembeschreibungen erschöpfen. Anlass genug, auf bedarfsorientierte Besprechungen ohne feste Ortsvorgabe aber mit vorgegebener Besprechungs- und Protokollstruktur umzustellen. Den wesentlichen Punkt in der vorgegebenen Besprechungsstruktur bildet zu Beginn die einvernehmliche Festlegung eines Besprechungsziels.

Wie wird's gemacht?

KVP-Besprechungen können sich entweder mit der Sammlung von Verbesserungsvor-schlägen oder mit der Umsetzung einer vorgeschlagenen Verbesserung befassen. Unab-hängig vom Zweck sollten KVP-Besprechungen vom angestrebten Ergebnis her gestaltet sein. Dabei kann ein vorgegebenes Standard-Protokollformular helfen. KVP-Besprechun-gen, die den Zweck verfolgen, Verbesserungsvorschläge zu sammeln, benötigen darüber hinaus weitere Visualisierungsmittel wie Problemspeicher, Metaplan-Wand und Flipchart.

Protokoll der KVP-Sitzung ... (Datum)

Sitzungs-Nr.:	
Moderator:	
Teilnehmer:	1.
	2.
	3.
Bearbeitetes Thema:	
Ziel der Sitzung:	

Lösungsvorschläge:	wer?	was?	bis wann?
1.			
2.			
3.			
Geschätzte Einsparung in Euro:			

verabschiedete Maßnahmen:	(wer) Stelle/Person	(bis wann) Termin (KW)	(erledigt am) Datum/Kürzel
1.			
2.			
3.			

Welche Arbeitsblätter können verwendet werden?

Arbeitsblatt 10:   „Protokollformular KVP-Besprechung"
Arbeitsblatt 11:   „KVP-Themenspeicher"

Wird externe Unterstützung benötigt?
Nein

Womit kombinierbar?
K1, M2, M3

M2   Blitz-KVP

Was kann erreicht werden?

Blitz-KVP ermöglicht ein sehr effizientes und praxisorientiertes Bearbeiten einfacher Probleme direkt vor Ort und trägt dazu bei, das KVP-System zu entschlacken und zu beschleunigen.

Wer macht's

Moderator, Mitarbeiter

Wieviel Zeit wird benötigt?

15 – 30 Minuten pro Blitz-KVP

Welche Hilfsmittel werden gebraucht?

Schreibzeug, Digitalkamera

Wann einsetzen?

Blitz-KVP bietet sich immer dann an, wenn ein Problem lokal begrenzt ist (zum Beispiel auf einen bestimmten Arbeitsplatz oder auf ein bestimmtes Teil bezogen ist), auf wenige bekannte Ursachen zurückzuführen ist und am besten direkt vor Ort gelöst werden kann.

In einem produzierenden Unternehmen mittlerer Größe werden KVP-Themen unterschiedlicher Komplexität mit der gleichen Methode bearbeitet: 4-5 Mitarbeiter machen eine Sitzung im eigens dafür eingerichteten KVP-Raum, die von einem Moderator geleitet wird. Kombiniert mit einer Kartenabfrage läuft sie stets nach folgendem Schema ab: Was ist das zu lösende Problem? Welches sind die Ursachen und wie sind diese zu gewichten? Wie soll das Problem gelöst werden? Nach einiger Zeit stellt der KVP-Koordinator fest, dass Sitzungen, in denen die Problemursachen auf der Hand liegen und es vielmehr darum geht, unterschiedliche Lösungsmöglichkeiten zu veranschaulichen und zu bewerten, immer häufiger unterbrochen werden, und Teilnehmer samt Moderator sich an den Ort des Geschehens begeben. Außerdem empfinden immer mehr Teilnehmer bei diesen Themen die „Kartenschreiberei und -ordnerei" als zu aufwendig. Nach einer kritischen Bestandsaufnahme wird wie folgt verfahren: Wenn ein Moderator den Eindruck hat, bei einem anstehenden Problem handle es sich um ein sehr einfaches Thema, wird auf eine KVP-Sitzung verzichtet. Statt dessen trifft er sich mit den beteiligten zwei bis drei Mitarbeitern direkt vor Ort und diskutiert mit ihnen Problem und Lösungsvorschläge. Sofern möglich, werden die Lösungsvorschläge gleich an Ort und Stelle provisorisch ausprobiert und die sinnvollste Möglichkeit ausgewählt. Insbesondere für Mitarbeiter, die sich nur mühsam mündlich und schriftlich artikulieren können, stellt das Blitz-KVP eine große Erleichterung dar. Sie sind auf diese Weise für KVP-Aktivitäten leichter zu gewinnen.

Wie wird's gemacht?

Der Moderator lädt die entsprechenden Problemlöser zum Ortstermin. Haben sich alle Einge-ladenen eingefunden, eröffnet er die Runde. Ein Blitz-KVP läuft nach folgendem Schema ab:

Schritt 1: Problembeschreibung und Problemauswirkungen

Ein Teilnehmer oder der Moderator beschreibt beziehungsweise demonstriert das zu bearbeitende Problem. Gemeinsam wird kurz erörtert, wodurch das Problem verur-sacht wird und welche Auswirkungen es hat. Anschließend notiert der Moderator die Problemformulierung im Arbeitsblatt und fotografiert die Problemsituation.

Schritt 2: Zielfestlegung

Die Teilnehmer legen gemeinsam fest, welches Ziel sie anstreben und der Moderator fixiert es im Arbeitsblatt. Die Festlegung von Zielen ist im Blitz-KVP von großer Bedeu-tung. In der Praxis ist dieser Schritt vom 1. Schritt oft nicht zu trennen. Wie auch immer, es ist wichtig, ihn nicht zu vergessen. Das Ziel vor Augen unterstützt, dass sich die Kommu-nikation auf das Wesentliche konzentriert und die Teilnehmer nicht Gefahr laufen, sich in Nebensächlichkeiten zu verlieren.

Schritt 3: Erarbeitung und Test der Lösungsvorschläge

Der Moderator sammelt die von den Teilnehmern vorgeschlagenen Lösungsideen. Die einzelnen Ideen werden soweit möglich nacheinander ausprobiert und miteinander verglichen. Die sinnvollste Lösung wird vom Moderator im Arbeitsblatt eingetragen. Dann wird festgelegt, wer sich bis wann um deren Umsetzung kümmert. Lässt sich die Lösung bildlich festhalten, wird sie vom Moderator fotografiert. Damit ist das Blitz-KVP abgeschlossen. Der Moderator fügt später die Fotos an den entsprechenden Stellen in das Arbeitsblatt ein. Nicht selten sind außer dem Moderator nur zwei weitere Personen am Blitz-KVP beteiligt. Dennoch sollte man auf einen Moderator nicht verzichteten. Er sorgt dafür, dass die Kommunikation eng am Thema und dem vereinbarten Ziel bleibt, dass kei-ne Idee vergessen oder übergangen wird, regt immer wieder zum kritischen Nachdenken an, motiviert die Teilnehmer nach weiteren Ideen zu suchen und ermuntert gegebenenfalls auch zu unkonventionellen Vorschlägen.

Welche Arbeitsblätter können verwendet werden?

Arbeitsblatt 13:   „Blitz-KVP am Arbeitsplatz"

Wird externe Unterstützung benötigt?
Nein

Womit kombinierbar?
T1, C1, C2, K3, K4

M3 KVP-Workshop

Was kann erreicht werden?

Ein KVP-Workshop dient der Bearbeitung und Lösung komplexer Ablauf- und Qualitäts-probleme, deren Bearbeitung den Rahmen normaler KVP-Sitzungen sprengen würde.

Wer macht's?

KVP-Koordinator, Fachkräfte und Mitarbeiter aus unterschiedlichen Unternehmensbe-reichen (maximal 8 Personen)

Wieviel Zeit wird benötigt?

Ein bis zwei Tage plus 2 Stunden Vorbereitungszeit

Welche Hilfsmittel werden gebraucht?

Metaplan, Flipcharts, Moderationsmaterial, (Vergrößerungen von) Fotos, gegebenenfalls Videoaufnahmen und Zeichnungen.

Wann einsetzen?

Insbesondere bei immer wiederkehrenden Problemen in bestimmten Fertigungs- und/oder Montageabläufen – meist Qualitätsprobleme –, die schwer lösbar sind, da man ihre Ursachen oft nicht kennt. Die Problemlösung erfordert in solchen Fällen meist einen relativ hohen Aufwand, der an die Grenzen dessen geht, was im Rahmen des KVP-Systems normalerweise machbar ist. Oft ist die Kooperation mehrerer Mitarbei-ter aus verschiedenen Bereichen notwendig, zum Beispiel aus Qualitätsmanagement, Fertigung, Konstruktion und Vertrieb.

In einem produzierenden metallverarbeitenden Unternehmen mit 100 Mitarbeitern, das Teile in mittleren und großen Serien an große Kunden liefert, werden auf Grund von Kundenreklamationen bei bestimmten Teilen mit Regelmäßigkeit geringe, aber außer-halb des vorgegebenen Toleranzbereichs liegende Abweichungen der Oberflächengüte festgestellt. Diese Abweichungen waren bislang den Stichprobenkontrollen des Quali-tätsmanagements entgangen. Bei der Ursachensuche herrscht zunächst Ratlosigkeit. Der KVP-Koordinator schlägt vor, einen KVP-Workshop mit den Meistern, einigen Mitar-beitern und Einrichtern und einem Vertriebsmitarbeiter durchzuführen.

Bei komplexen Problemen der beschriebenen Art kann meist das eingespielte KVP-Instrumentarium (strukturierte Problembearbeitung durch Moderation unterstützt) wertvolle Hilfestellungen leisten, so dass man schnell zu angestrebten Verbesserungs-vorschlägen und -maßnahmen kommt, die dann auch auf bewährte Weise umgesetzt werden können.

Wie wird's gemacht?
— Der Ablauf wird in seine einzelnen Schritte zerlegt und mit Fotos/Videoaufnahmen dokumentiert
— Jeder Ablaufschritt wird an Hand der drei W-Fragen beschrieben: Was wird gemacht? Warum wird es gemacht? Wie wird es gemacht? (Unter Umständen durch Einholen von Zahlen, Daten und Fakten)
— Ablaufbeschreibung (Beschreibung des gesamten Prozesses beziehungsweise Arbeitsabschnittes, wo das Problem besteht, einschließlich aller vorgelagerten und zuarbeitenden Funktionen)

Ablaufschritte	(wer) Stelle/Person	(bis wann) Termin (KW)	(erledigt am) Datum/Kürzel
Schritt 1 Foto/Video			
Schritt 2 Foto/Video			
Schritt 3 Foto/Video			
Und so weiter			

Umsetzung der Verbesserungsmaßnahmen			
	Wer?	Was?	bis wann?
Umsetzungsschritt 1			
Umsetzungsschritt 2			
Und so weiter			

Welche Arbeitsblätter können verwendet werden?
Arbeitsblatt 12: „Visualisierung und Bearbeitung komplexer Arbeitsablaufprobleme in KVP-Workshops"

Wird externe Unterstützung benötigt?
Nein

F1 Empfehlungen KVP-unterstützender Führungsstil

Was kann erreicht werden?

Ziel ist die Refexion des Verhaltens von Führungskräften in KVP-Prozessen und deren Qualifizierung im Sinne einer besseren Unterstützung von KVP. Richtig angewandt, kann das Tool dazu beitragen, Verbesserungen der Ergebnisse von KVP wie auch der Mitarbeiterzufriedenheit zu bewirken.

Wer macht's

Geschäftsleitung, Führungskräfte

Wieviel Zeit wird benötigt?

mehrere Monate

Wann einsetzen?

Bei Konflikten zwischen KVP-Akteuren und Vorgesetzten und bei in der Folge ineffizient gewordenen KVP-Prozessen spielt in der Regel Führungsverhalten eine Rolle – jedoch fast nie als alleiniger Verursacher. An solchen Konflikten sind in der Regel eine Vielzahl von Faktoren beteiligt. Wenn es in einem Unternehmen darum geht, KVP wieder ‚flott zu machen', ist es meist sinnvoll, auch Führungsstil und -verhalten der Vorgesetzten in den Blick zu nehmen.

In einem produzierenden Unternehmen mit ca. 80 Mitarbeitern, wo KVP im Laufe von zwei Jahren ‚eingeschlafen' ist, soll KVP wieder ‚auf die Beine gebracht' werden. Neben der Gestaltung eines veränderten strategisch ausgerichteten KVP-Systemdesigns wird das Führungsverhalten unter die Lupe genommen, um insbesondere die Meister in einem Reflexionsworkshop für Führungskräfte mit Beteiligung und starkem Engagment der Geschäftsleitung besser auf die KVP-Erfordernisse zu orientieren.

Wie wird's gemacht?

— Für KVP ungeeignete Führungskräfte lassen sich nicht einfach ‚umpolen'. Es bedarf eines Entwicklungsprozesses.

— Ohne massive Unterstützung dieses Prozesses durch die Geschäftsleitung bestehen nur geringe Erfolgsaussichten.

— Unterstützte Reflexionen des eigenen Verhaltens der Führungskräfte und Feedback durch Mitarbeiter und/oder einen externen Berater sind weitere zentrale Bestandteile dieses Prozesses. Coaching-Angebote sollten gegebenenfalls hinzukommen.

— Neuausrichtungen des KVP-Systems bilden eine gute Gelegenheit, auch das Führungsverhalten zum Thema zu machen.

— In Einzelfällen kann es unausweichlich sein, Positionen neu zu besetzen.

Matrix Führungsstile und ihre Wirkungen

Führungsstil:	direktiv und kontrollierend	dialogisch und vertrauend
Grundannahmen	Mitarbeiter sind nicht motiviert und nicht an Verbesserungen interessiert	Mitarbeiter sind motiviert, kompetent, erfahren und an Verbesserungen interessiert
Motto	„Du wirst hier nicht für's Denken bezahlt"	Unterstützend: „Was brauchst Du, um Deine Verbesserungsideen einzubringen?"
Verhalten der Führungskraft	— kontrollierend, wenig vertrauend — wenig Information und Beteiligung der Mitarbeiter — insbesondere nur wenige Informationen über KVP-Umsetzungsprozesse	— Beteiligung und Information der Mitarbeiter auch im Vorfeld von Entscheidungen — insbesondere kontinuierliche Information über den Stand der Entscheidungsfindung bezüglich in KVP eingebrachter Verbesserungsvorschläge — Vertrauensvorschüsse für Mitarbeiter
Wirkungen	— Die Grundannahmen (s. o.) werden bestätigt — fehlendes Vertrauen engt bei den Mitarbeitern die Leistungsbereitschaft sowie die Bereitschaft, Verbesserungsvorschläge einzubringen, ein — Die Dinge werden komplizierter — KVP wird Fassade.	— Die Grundannahmen (s. o.) werden bestätigt — Vertrauen erweitert bei den Mitarbeitern Leistungsspielraum und -bereitschaft sowie die Bereitschaft zu Verbesserungsvorschlägen — Die Dinge werden einfacher — KVP wird lebendig.

Welche Arbeitsblätter können verwendet werden?

Arbeitsblatt 14:   „Bewertungsbogen für Führungskräfte"
Arbeitsblätter 2 – 5   „Entscheidungsrechte"

Wird externe Unterstützung benötigt?
Empfehlenswert

Womit kombinierbar?
S2, S3, S4, S5

P1   Anforderungsprofil KVP-Koordinator

Was kann erreicht werden?

Bei der Auswahl des KVP-Koordinators besteht Klarheit über dessen Aufgaben, auch für den Koordinator selbst. Darüber hinaus kann das Anforderungsprofil als Instrument der Personalentwicklung nützlich sein indem es hilft, Maßnahmen zu bestimmen, mit denen der Koordinator sinnvoll gefördert werden kann.

Wer macht's

Geschäftsleitung, gegebenenfalls Personalleitung, KVP-Koordinator

Wieviel Zeit wird benötigt?

15 Minuten je Kandidat für die Koordinatorenposition

Wann einsetzen?

Der KVP-Koordinator ist ein wesentlicher Faktor für den Erfolg von KVP im Unternehmen. Daher ist die Entscheidung, wer Koordinator werden soll, von zentraler Bedeutung. Einem guten Koordinator gelingt es sogar, System-Schwächen auszugleichen. Das Anforderungsprofil kann bereits bei Einführung von KVP angewandt werden sowie immer dann, wenn ein neuer Koordinator bestimmt werden muss. Es kann auch angewandt werden, wenn ein Koordinator seine Aufgabe bereits eine gewisse Zeit ausgeführt hat, um festzustellen, ob und in welchen Punkten er Unterstützung brauchen kann.

Als KVP in einem mittelgroßen produzierenden Unternehmen immer schlechter läuft, wird es vier Jahre nach der Einführung grundlegend verändert. Eine Änderung ist, dass die beiden Koordinatoren durch einen „KVP-Mentor" ersetzt werden – die neue Bezeichnung soll auf neue Inhalte hinweisen: Bei der Auswahl des Mentors wird verstärkt auf die Kriterien „Sozialkompetenz" und „Fähigkeit zu Eigen-/Fremdmotivation" Wert gelegt.

Um seine Methodenkompetenz zu stärken, erhält der neue KVP-Mentor eine Moderationsausbildung. Darüber hinaus nimmt er an einem mehrtägigen Seminar über die Auswirkungen von Führungsentscheidungen und -handlungen auf KVP-Systeme teil. Etwa ein halbes Jahr später erhält er ein Coaching zu den Themen ‚Bearbeitung von Konflikten' und ‚Kommunikation'.

Wie wird's gemacht?

Aus den folgenden Aufgaben des KVP-Koordinators ergibt sich das Anforderungsprofil:

Generelle Aufgabe des KVP-Koordinators ist es, den KVP-Prozess zu unterstützen und voranzutreiben. Er sorgt dafür, dass KVP im Unternehmen mit Leben erfüllt wird.

Hierzu zählen folgende Einzelaspekte:
— Unterstützung der Moderatoren
   — bei der Auswahl und Formulierung der Themen
   — bei der Zusammenstellung der KVP-Teams und
   — bei der eigentlichen Problemlösung
— Motivierung der Moderatoren zur Mitarbeit an KVP
— Begleitung der Moderatoren in KVP-Besprechungen (bei Bedarf)
— Ständiger Kontakt zu den Moderatoren zum Beispiel durch Gespräche vor Ort über
   — Verlauf und Ergebnisse der KVP-Besprechungen
   — Fortschritte bei der Umsetzung der Lösungsvorschläge
   — neue mögliche KVP-Themen
   — Schwierigkeiten mit KVP
— Berechnung der Kosten-/Nutzen-Effekte von KVP insgesamt und der einzelnen Verbesserungen
— Organisation der Weiterbildungen für die Moderatoren
— KVP-Controlling: ständige Überprüfung, ob die KVP-Ziele erreicht werden
— Regelmäßiger Bericht an die Geschäftsleitung über die aktuelle Situation in KVP
— Aufmerksamkeit auf Balancen im KVP-System (puschen/verzögern von KVP-Themen)
— Organisation von Rundgängen (bei größeren Unternehmen) beziehungsweise Kontakten der Geschäftsleitung zu den Moderatoren und KVP-engagierten Mitarbeitern
— Aktualität der KVP-Info-Tafel und deren Bestückung

Je nach System können weitere Aufgaben hinzu kommen:
— Entscheidungen treffen über KVP-Lösungen bis zu einem definierten Betrag
— Erarbeitung von Maßnahmen (bei Bedarf mit externer Unterstützung) wenn der KVP-Prozess stockt

Der KVP-Koordinator hat keine disziplinarischen Befugnisse, in Personalangelegenheiten ist er auf die Unterstützung der Vorgesetzten, der Geschäftsleitung, der Meister oder des Personalleiters angewiesen.

Anforderungsprofil des KVP-Koordinators
Soziale Kompetenz
— kann gut mit Menschen umgehen
— verfügt über sicheres Auftreten, kann vor einer Gruppe und vor Führungskräften stehen, besitzt ein gesundes Selbstbewußtsein
— wird von Mitarbeitern, Moderatoren und Führungskräften geschätzt
— ist offen und kommunikativ
— kann gut zuhören, ist resonanzfähig
— kann Frust und Konflikte aushalten, kann ausgleichend wirken
— besitzt ein gutes Durchhaltevermögen

Fachkompetenz
— verfügt über ein breites Fachwissen
— weiss um Zusammenhänge, kennt Produkte und Prozesse, besitzt Überblick
— ist in der Hierarchie relativ weit oben angesiedelt oder angebunden

Eigen- und Fremdmotivation
— hat einen ausgeprägten Willen zur Selbst-Entwicklung, ist ehrgeizig und will etwas erreichen
— hat den Verbesserungsgedanken verinnerlicht, ist von KVP überzeugt
— traut sich ‚alte Zöpfe abzuschneiden' und Tabus anzusprechen
— hat Freude an seiner Aufgabe beziehungsweise daran, an vielen Projekten gleichzeitig zu arbeiten
— kann zum Mitmachen überzeugen und begeistern

Methodenkompetenz
— beherrscht die Grundlagen der Kommunikation
— verfügt über ein breites Methodenspektrum (Moderation/Visualisierung, Problemlösetechniken, Projektmanagement)
— besitzt Einflussmöglichkeiten und informelle Macht auf unterschiedlichen Ebenen
— kann einschätzen, wann welche Instrumente der KVP-Tool-Box anzuwenden sind

In der betrieblichen Praxis erfüllen die wenigsten KVP-Koordinatoren alle Anforderungen. Meist fehlt es vor allem an der Methodenkompetenz. Dies muß kein Ausschlußgrund sein. In einem Training können fehlende Methodenkenntnisse in der Regel schnell erworben werden. Soziale Kompetenzen können in einem Coaching unterstützt werden. Zu geringe Fachkompetenzen können mit spezifisch darauf abgestimmten Schulungen ausgeglichen werden.

Bei fehlender Eigenmotivation und Begeisterungsfähigkeit allerdings sollte man grundsätzlich einen anderen Mitarbeiter als Koordinator auswählen.

Welche Arbeitsblätter können verwendet werden?
Arbeitsblatt 15 „Bewertungsbogen KVP-Koordinator"

Wird externe Unterstützung benötigt?
Nein

Womit kombinierbar?

S1, S4, P4, S3

P2 Anforderungsprofil KVP-Moderator

Was kann erreicht werden?

Bei der Auswahl der Moderatoren besteht Klarheit über deren Aufgaben, auch für die Moderatoren selbst. Darüber hinaus kann das Anforderungsprofil als Instrument der Personalentwicklung nützlich sein indem es hilft, Maßnahmen zu bestimmen, mit denen die Moderatoren sinnvoll gefördert werden können. Das Anforderungsprofil unterstreicht auch im Unternehmen insgesamt, dass nicht jeder ,mal so eben ' KVP-Moderator werden kann, sondern bestimmte Voraussetzungen zu erfüllen sind.

Wer macht's?

Bereichsverantwortlicher beziehungsweise Geschäftsleitung, KVP-Koordinator und gegebenenfalls Personalleitung

Wieviel Zeit wird benötigt?

15 Minuten je Kandidat für Moderatorenpostition

Wann einsetzen?

Bei der Bestimmung der KVP-Moderatoren, neigen Verantwortliche oft dazu, ,aus dem Bauch' heraus zu entscheiden. Auch wenn solche Entscheidungen sich im Laufe der Zeit oft als richtig erweisen, ist es dennoch sinnvoll, bei der Auswahl der Moderatoren Kriterien zu haben, auf die man sich beziehen kann. Das Anforderungsprofil kann bereits bei der Einführung von KVP angewandt werden, aber auch immer dann, wenn es darum geht, neue beziehungsweise zusätzliche Modertoren auszuwählen.

In einem mittelgroßen produzierenden Unternehmen wurde vor drei Jahren KVP eingeführt. Nachdem mehrere Moderatoren ausgeschieden sind (neuer Arbeitgeber, Altersteilzeit, Kündigung), müssen neue KVP-Moderatoren ausgesucht und ausgebildet werden. Der Produktionsleiter hat für diese Aufgabe einige Mitarbeiter im Kopf. Mit Hilfe des Bewertungsbogens verschafft er sich Klarheit darüber, ob seine Favoriten passen.

Wie wird's gemacht?

Aus den folgenden Aufgaben eines KVP-Moderators ergibt sich das Anforderungsprofil:
— Vorschlag, wer Teilnehmer eines KVP-Teams sein soll
— Moderation der Problemlösung
— Präsentation der erarbeiteten Lösungsvorschläge/Ergebnisse

Je nach KVP-System und Aufgabenverständnis können weitere Aufgaben hinzu kommen:
— Einbringen von KVP-Themen
— Unterstützung bei der Lösungsfindung
— Durchführung von Kosten-Nutzen-Analysen
— Unterstützung bei der Umsetzung (was ist erledigt, was ist noch offen?)

Anforderungsprofil eines KVP-Moderators

Soziale Kompetenz
— kann gut mit Menschen umgehen
— verfügt über sicheres Auftreten, kann vor einer Gruppe stehen
— wird von Kollegen und Vorgesetzten geschätzt
— ist kommunikativ
— gibt nicht so schnell auf
— kann gut zuhören

Fachkompetenz
— verfügt über ein breites Fachwissen
— weiss um Zusammenhänge

Eigen- und Fremdmotivation
— hat einen ausgeprägten Willen zur Selbst-Entwicklung (will dazu lernen, ist ehrgeizig)
— hat Freude am Moderieren/seiner Aufgabe
— kann zum Mitmachen überzeugen und begeistern

Methodenkompetenz
— verfügt über Grundlagenwissen Kommunikation in Gruppen
— verfügt über Kenntnisse und Fertigkeiten in Bezug auf Moderation, Visualisierung, Präsentation
— kennt und beherrscht verschiedene Problemlösemethoden
— Kann sich auch zurücknehmen und unauffällig leiten

Die wenigsten Mitarbeiter, die die Rolle des KVP-Moderators übernehmen sollen, erfüllen alle Anforderungen. Meist fehlt es vor allem an der Methodenkompetenz, was
jedoch kein Ausschlussgrund sein muß. In einem Training für KVP-Moderatoren können die fehlenden Methodenkenntnisse in der Regel schnell erworben werden. Soziale
Kompetenzen können in einem Coaching unterstützt werden, zu geringe Fachkompetenz mit spezifisch darauf abgestimmten Schulungen.

Bei fehlender Eigenmotivation und Begeisterungsfähigkeit sollte man grundsätzlich
einen anderen Mitarbeiter als Moderator wählen.

Welche Arbeitsblätter können verwendet werden?
Arbeitsblatt 16   „Bewertungsbogen KVP-Moderator"

Wird externe Unterstützung benötigt?
Nein

Womit kombinierbar?
S1, S3, S4

P3 Lernkarte [5]

Was kann erreicht werden?

Lernkarten unterstützen beim Umlernen in Folge von Verbesserungen durch KVP. Auch Mitarbeiter, die nicht an einer bestimmten Problemlösung beteiligt waren, sehen auf einen Blick worum es geht, was man wie und warum tun muss und was sich verändert hat.

Wer macht's?
Koordinator und Meister

Zeitrahmen
30 Minuten – 2 Stunden

Hilfsmittel
Digitalkamera

Wann einsetzen?
Oft führen KVP-Problemlösungen dazu, dass sich die Art und Weise, wie eine bestimmte Arbeit zu erledigen ist, verändert. Zum Beispiel werden andere Werkzeuge, Trennmittel oder Schmierstoffe benutzt, ein Arbeitsgang kommt neu hinzu, wird verändert oder fällt weg und so weiter. Für manche Mitarbeiter bedeutet dies ein Umlernen. Aber auch bei der Einweisung neuer Mitarbeiter können Lernkarten unterstützen.

In einem mittleren produzierenden Unternehmen hat ein KVP-Team vorgeschlagen, das Kunststoffgranulat nicht mehr mit einer Sprühdose einzusprühen, sondern mit Hilfe einer Sprühpistole. Dadurch entstehen weniger giftige Dämpfe und der Trennmittelverbrauch wird geringer. Koordinator und Gruppenleiter erstellen die dazugehörende Lernkarte, die im Anschluß am Arbeitsplatz für jeden sichtbar fixiert wird.

---

5   Dieses Tool beasiert auf dem Lernaufgabenkonzept von Elamar Witzgall.
Vgl. Witzgal, E., Kompetenzmanagement in der industriellen Produktion. Renningen, 2009

Wie wird's gemacht?

Eine Lernkarte beschreibt, was konkret bei einer bestimmten – veränderten – Arbeitsaufgabe zu tun ist. Für jeden Arbeitsschritt wird eine solche Lernkarte erstellt. Alle zusammengehörenden Lernkarten werden zu einem Lernalbum zusammengefasst. Zur ständigen Erinnerung kann eine Lernkarte oder ein Lernalbum direkt am Arbeitsplatz platziert werden.

Die Lernkarte ist eine Kombination aus Bild und Schrift. Neben den beiden Fotos, die die Situation ‚neu' im Vergleich zu ‚bisher' beschreiben, enthält sie alle wesentlichen Informationen zu einer bestimmten Arbeitsaufgabe oder einem bestimmten Arbeitsschritt. Die Karte soll in einer einfachen Sprache verfasst sein, damit sie auch zum Beispiel Mitarbeiter mit Migrationshintergrund anwenden können. Die Lernkarte gliedert sich in folgende Fragen: WAS?, WANN?, ODER/UND, WIE?, WARUM?, ANDERS WENN und ACHTUNG.

Lernkarte mit W-Fragen (vereinfachtes Beispiel)
WAS? Kunststoffgranulat mit Silikontrennmittel einsprühen

Bisher	Neu

WANN?: während Siloentnahme
WIE?: mit Sprühpistole einsprühen (Sprühdruck: 2,5 bar, Vorderdruck: 0,2 bar)
WARUM?: damit Granulat besser in Spritzmaschine eingezogen wird
ACHTUNG: auf richtige Druckeinstellung achten, Sprühnebel nicht einatmen

Welche Arbeitsblätter können verwendet werden?
Arbeitsblatt 17   „Lernkarte"

Wird externe Unterstützung benötigt
Nein

Womit kombinierbar?
K3, K4

P4 Koordinatoren – Coaching

Was kann erreicht werden?

Das Coaching dient dazu, den KVP-Koordinator zu befähigen, seine Rolle im KVP-System professionell auszufüllen. Es führt insofern nicht nur zu einer persönlichen Weiterentwicklung des Koordinators, sondern unterstützt auch eine Anpassung oder Weiterentwicklung des KVP-Systems.

Wer macht's

Geschäftsleitung beziehungsweise Personalleitung entscheiden, KVP-Koordinator, externer Coach

Wieviel Zeit wird benötigt?

Der Zeitbedarf ist abhängig von den Inhalten und vom konkreten Auftrag. Sinnvoll ist meist mit 10 Stunden, verteilt auf mehrere Sitzungen, zu beginnen.

Wann einsetzen?

Ein fähiger Koordinator ist ausschlaggebend für den Erfolg von KVP im Unternehmen. Stellt sich in der Praxis heraus, dass ein Koordinator manche seiner Aufgaben nicht ausreichend wahrnehmen kann, oder nicht in der Lage ist, eine beabsichtigte Änderung des KVP-Systems zu realisieren, kann ein individuell abgestimmtes Coaching hilfreich sein. Mit dem Coaching kann begonnen werden, wenn der Koordinator bereits erste Erfahrungen in seiner Rolle gemacht hat und sichtbar wird, wo Unsicherheiten und Schwierigkeiten auftreten. Es kann aber auch sinnvoll sein, einen Mitarbeiter, der demnächst KVP-Koordinator werden soll, mit Hilfe eines Coachings auf seine künftige Koordinatorenrolle vorzubereiten.

Ausgangspunkt für das Coaching des KVP-Koordinators eines mittelgroßen produzierenden Unternehmens war folgende Entwicklung: Die Modernisierung des Maschinenparks hatte dazu geführt, dass sich die in KVP zu bearbeitenden Themen änderten. Es ging jetzt hauptsächlich um Ablaufprobleme. Für deren Bearbeitung wurden Mitarbeiter aus nicht produzierenden Bereichen gebraucht, die bislang nicht mit KVP in Berührung gekommen waren. Entweder kamen sie – obwohl von den Moderatoren eingeladen – gar nicht zu den KVP-Sitzungen, oder sie arbeiteten nicht konstruktiv mit. Für den Koordinator wurde es immer schwieriger, die Moderatoren zu weiteren Sitzungen zu motivieren.

Nachdem klar war, warum die Moderatoren kaum noch zu Sitzungen zu bewegen waren, wurden im Coaching des Koordinators folgende Fragestellungen bearbeitet: Was kann getan werden, um KVP-Außenstehende aus indirekten Bereichen zur Mitarbeit in KVP zu motivieren? Wer kann dabei wie unterstützen? Wie kann der Koordinator mit den Moderatoren besser in Kontakt bleiben?

Wie wird's gemacht?

Voraussetzung für das Gelingen des Coachings ist, dass auch der Koordinator es als sinnvoll erachtet und sich darauf einlässt. Voraussetzung auf seiten des Coachs ist, dass er außer den üblichen Erfahrungen und Qualifikationen zusätzlich grundlegende Kenntnisse über KVP-Systeme und KVP-Methoden mitbringt.

Unverzichtbar ist eine tragfähige Arbeitsbeziehung zwischen Koordinator und Coach.

Empfehlungen für den Ablauf eines Coachings:

Vorgespräch (Dauer: circa 1 Stunde).
Teilnehmer: Mitglied der Geschäftsleitung, KVP-Koordinator, Coach

Ablauf und Inhalt:
Geschäftsleitung und Koordinator beschreiben aus ihrer jeweiligen Sicht die Problematik. Falls das Unternehmen mit dem Koordinatoren-Anforderungsprofil arbeitet (siehe Tool P 1), können auch daraus Aufschlüsse über mögliche Coachinginhalte abgeleitet werden.

Anschließend werden gemeinsam folgende Fragen diskutiert und entsprechende Vereinbarungen getroffen:
— Was soll mit dem Coaching erreicht werden, welche Erwartungen werden an das Coaching gestellt?
— Woran messen die Parteien den Erfolg, woran merken sie, dass das Coaching erfolgreich war?
— Welche Konsequenzen hätte es, wenn die oben genannten Ziele nicht erreicht werden?
— Wie wird das Coaching beendet?
— Welche Rahmenbedingungen gelten (Zeitrahmen, Zwischenbilanzen, mögliche Veränderungen der Coachingziele im Prozeß, wo soll das Coaching stattfinden? Sonstiges)?

Nach dem Vorgespräch haben Unternehmen, Koordinator und Coach Bedenkzeit, um eine mögliche Zusammenarbeit zu prüfen.

1. Coaching-Sitzung

— Teilnehmer:

KVP-Koordinator, Coach

— Ablauf und Inhalt:

Zunächst wird das Problem des Koordinators konkretisiert; beispielsweise:

– Worin genau liegen die Schwierigkeiten?

– Was hat dazu geführt?

– Was wurde bereits unternommen?

Danach geht es darum, je nach Sachlage und emotionaler Lage des Koordinators, zu entscheiden, wie und in welcher Reihenfolge die Inhalte bearbeitet werden.

2. Coaching-Sitzung und alle weiteren Sitzungen

— Teilnehmer:

KVP-Koordinator, Coach

— Ablauf und Inhalt:

Bearbeitung der einzelnen Themen und Fragestellungen

Abschlussgespräch (Dauer: circa 1 Stunde)

Das Coaching endet in der Regel, wenn die Ziele erreicht sind. Darüber hinaus sollten die Geschäftsleitung, der Koordinator und auch der Coach die Möglichkeit haben, unter bestimmten Umständen das Coaching vorzeitig zu beenden.

In jedem Fall sollte es ein Abschlussgespräch geben, bei dem die Beteiligten Resumee ziehen und festgelegt wird, wie weiter verfahren wird.

Wird externe Unterstützung benötigt?

Der Coach sollte immer ein externer Berater sein

Womit kombinierbar?

P1

P5 Empfehlungen Belohnung/Wertschätzung

Was kann erreicht werden?

Die motivierte Beteiligung der Mitarbeiter an KVP-Prozessen wird unterstützt. Diese Wirkung tritt in der Regel umso stärker ein, je mehr sich die Geschäftsleitung direkt engagiert, also Belohnung und Wertschätzung nicht als ‚lästige Pflicht' an untere Vorgesetzten delegiert oder an definierte Standards abgibt. Der Nutzen besteht in einer erheblichen Steigerung der Anzahl der Verbesserungsvorschläge und damit auch der Einsparung von Kosten.

Wer macht's?

Geschäftsleitung, KVP-Koordinator, Führungskräfte

Wieviel Zeit wird benötigt?

auf Dauer

Wann einsetzen?

Gerade engagierte Mitarbeiter haben oft das Gefühl, dass ihre Aktivitäten nicht genügend anerkannt und wahrgenommen werden. Sie reden aber nur selten direkt über ihre Unzufriedenheit, daher nehmen Führungskräfte diese mitunter gar nicht wahr. Es gibt viele verschiedene Vorstellungen, hier Abhilfe zu schaffen. Wenn man genauer hinschaut, geht es den Mitarbeitern fast immer darum, als Individuen sehr persönlich mit den eigenen Leistungen (Verbesserungsvorschlägen, Umsetzungsaktivitäten und erzielten Effekten) im Unternehmen ganz besonders von Geschäftsleitung und Fertigungsleitung wahrgenommen zu werden. Dies ist durch Geld (allein) nicht zu erreichen.

In einem mittelgroßen produzierenden Unternehmen wurden Mitarbeitern, die akzeptierte Verbesserungsvorschläge gemacht hatten, standardmäßig pauschale Prämien ausbezahlt. Im Zusammenhang mit einer grundlegenden Überarbeitung des KVP-Systems (neuer Koordinator, Veränderungen der Sitzungsstruktur und des KVP-Controlling) wurde auch das Prämiensystem durch individuelle und persönliche Formen der Wertschätzung ersetzt. Eine der ersten Anerkennungsaktivitäten nach der KVP-Umstellung war ein Ausflug der KVP-Teams gemeinsam mit der Geschäftsleitung. „Am nächsten Tag purzelten die Verbesserungsvorschläge nur so" resümiert der KVP-Koordinator rückblickend.

Wie wird's gemacht?

Empfehlungen

— KVP-Prämien sind nicht oder nur unter sehr eingeschränkten Voraussetzungen empfehlenswert wegen einiger grundsätzlicher Nachteile: Ihre Einführung erfordert immer ein System von Regeln: wer bekommt unter welchen Voraussetzungen wie viel? Solche Systeme haben die Neigung, immer komplizierter zu werden und viel Aufmerksamkeit und Energie zu binden, die dann für die eigentlichen Verbesserungsaktivitäten nicht mehr zur Verfügung steht.

— Wenn finanzielle Regelungen eingeführt werden, dann immer mit möglichst direktem Bezug zum Nutzen der Verbesserungen, also zum Beispiel Prozente der Einsparsumme. Aber auch damit können Nachteile verbunden sein, weil Verbesserungsvorschläge ohne oder mit schwer messbaren Kostenspareffekten, auch wenn sie für das Unternehmen wichtig sind, unter den Tisch fallen.

— Ein weiterer Gesichtspunkt spricht gegen individuelle Prämien: Sie unterstützen ‚verhinderte Ingenieure' und Bastler, aber Nutzeneffekte durch Vorschläge, die nur als Teamleistungen zu erbringen sind, drohen, außen vor zu bleiben.

— Pauschale (aber auch von einer Messgröße abhängige) KVP-Prämien an Teams, Bereiche oder die ganze Belegschaft können zu Standardleistungen mit Besitzstandscharakter aber abnehmendem Bezug zu KVP werden und sind den Mitarbeitern, die sich in KVP engagiert haben, nicht mehr direkt zurechenbar.

— Finanzielle Anerkennungen können sinnvoll sein im Zusammenhang mit anderen Formen der Wertschätzung, die sehr individuell und persönlich dem einzelnen Mitarbeiter oder auch einem Team gegenüber zum Ausdruck gebracht werden können. Die nichtmonetären Formen der Wertschätzung sollten gegenüber dem Geld primär sein.

— Wertschätzung für KVP-engagierte Mitarbeiter oder Gruppen sollte immer die Geschäftsleitung im direkten Kontakt zum Ausdruck bringen. Ein Geschäftsführer, der einem Mitarbeiter für gute KVP-Ergebnisse dankt, sollte dies aus innerer Überzeugung tun – nur dann wird der Dank auch wirklich angenommen.

— Die Wertschätzung sollte auf geeignete Weise im Unternehmen kommuniziert werden. Es gibt eine Vielzahl von Formen der Wertschätzung. Die Tabelle beschreibt nur die gängigsten. Jedes Unternehmen sollte die Formen wählen, die zu seiner Kultur passen und die genannten Nachteile vermeiden.

Verbreitete Formen der Belohnung/Wertschätzung für KVP-aktive Mitarbeiter

Materiell/Geld	Ideell/Person oder Team
Prämien: — an Teams oder einzelne Mitarbeiter, — pauschal oder als Anteil an Einsparungen	Lob, Dank
Einmalzahlungen: — jährlich oder halbjährlich, an KVP-Teams oder Belegschaft	Betriebsöffentliche Anerkennung
Andere Formen: — Verlosungen, Incentives, Gutscheine	Besuch der Geschäftsleitung vor Ort
	Gemeinschaftsaktivitäten mit Geschäftsleitung
Weitere Formen, z. B. Mischformen	Weitere Formen, z. B. Mischformen

Welche Arbeitsblätter können verwendet werden?

Arbeitsblatt 18: „Reflexion sinnvoller Formen der Belohnung/Wertschätzung für KVP-aktive Mitarbeiter"

Wird externe Unterstützung benötigt?
Nein

Womit kombinierbar?
C1, C2

K1 Beobachtungsmodell tangentiale Kommunikation[6]

Was kann erreicht werden?
Die Benutzung des Beobachtungsmodells lenkt die Aufmerksamkeit auf Blockaden in der Kommunikation, unterstützt deren Verstehen und hilft, zu sinnvollen Maßnahmen der Abhilfe zu gelangen. In der Folge sind effizientere KVP-Besprechungen zu erwarten mit Ergebnissen, die sich auch rechnen.

Wer macht's?
KVP-Koordinator, KVP-Moderatoren

Wieviel Zeit wird benötigt?
läuft prozessbegleitend

Wann einsetzen?
Das kommunikative Bearbeiten und Lösen von Problemen sowie das Umsetzen von Problemlösungen sind Kernprozesse in KVP – sei es unmittelbar in KVP-Teams, oder sei es in den Entscheidergremien. Mitunter läuft die Kommunikation nicht präzise und sachbezogen, Blockaden entstehen und es kommt nicht oder nur sehr verzögert zu Ergebnissen. Das Beobachtungsmodell hilft dem KVP-Koordinator oder den Moderatoren, die Kommunikation zu beobachten, Kommunikationsprobleme zu erkennen und Verbesserungsvorschläge einzubringen.

In einem KVP-erfahrenen Unternehmen mittlerer Größe stellt der KVP-Koordinator fest, dass KVP-Teams sich immer wieder in Problembeschreibungen verzetteln, man ‚dreht sich im Kreis', kommt ‚vom Hölzchen auf's Stöckchen' aber nicht auf den Punkt, die verschiedenen Beiträge schließen nicht aneinander an und die Probleme stehen immer noch ungelöst im Raum, wenn die Sitzungszeit abgelaufen ist."

---

6   In Anlehnung an Modelle der Transaktionsanalyse

Wie wird's gemacht?

Erläuterung:

Tangential kommuniziert wird, wenn ständig am vorgegebenen Thema vorbei geredet wird, die Beiträge nicht aneinander anschließen und angestrebte Ergebnisse dadurch in immer weitere Ferne rücken. Wie eine Tangente den Kreis, so berühren die Äußerungen der Gesprächsteilnehmer das Thema beziehungsweise die Beiträge der anderen Teilnehmer lediglich punktuell, entfernen sich dann aber davon und verlieren sich in andere Richtungen. Es gibt viele ,Sender', aber kaum ,Empfänger'. Eine KVP-Besprechung kann einige wenige einzelne ,Tangenten' unter Umständen verkraften, ohne ihre Ziele zu verfehlen. Problematisch wird es, wenn es zu Ketten von sogenannten Tangentialtransaktionen kommt: Die einem tangentialen Beitrag folgenden Beiträge gehen mit auf die Tangente und legen ihrerseits Tangenten an, auf die weitere Beiträge tangential einsteigen und so weiter. Ein angestrebtes Ergebnis kann dann in einer KVP-Sitzung meist nicht erreicht werden, obwohl keiner der Beteiligten deren Misslingen beabsichtigt hat. Der in der Regel nicht bewusste Sinn von Tangenten liegt darin abzulenken, um Unangenehmes zu vermeiden.

Abhilfe:

Es gibt im wesentlichen drei Möglichkeiten, Muster tangentialer Kommunikationen erfolgreich zu bearbeiten: Erstens, die unangenehmen Aspekte, die vermieden werden sollen, direkt anzusprechen (wichtig ist dabei, dies zu tun ohne Vorwurf an irgend eine Person, weil Vorwürfe in der Regel blockadeverstärkend wirken); zweitens, dem Problemlösungsprozess eine Struktur zu geben und drittens, in der Moderation darauf zu achten, dass der Fokus auf dem vorgegeben Thema gehalten wird.

Im oben genannten Beispiel hat der KVP-Koordinator ein einfaches Arbeitsblatt für KVP-Sitzungen eingeführt, das vor allem vorsieht, zu Beginn jeder KVP-Sitzung sich über deren Ziel zu einigen (auch dann, wenn ein Ziel bereits vorgegeben ist) und dieses zu visualisieren.

Welche Arbeitsblätter können verwendet werden?

Arbeitsblatt 10:   „Protokollformular KVP-Besprechung"
Arbeitsblatt 19:   „Regeln für den Moderator"

 Wird externe Unterstützung benötigt?
nicht notwendigerweise, kann aber hilfreich sein

 Womit kombinierbar?
M1, M2, M3

K2   KVP-Tag

Was kann erreicht werden?

Ein KVP-Tag ermöglicht einen systematischen Erfahrungsaustausch, die Reflexion des KVP-Systems sowie eine besondere Wertschätzung und Stärkung der KVP-Moderatoren. Damit wirkt er besonders auf die KVP-Moderatoren motivierend. Außerdem erhält das Management einen guten Überblick, wo im KVP-System Anpassungen beziehungsweise größere Veränderungen nötig sind.

Wer macht's?

Geschäftsleitung (zeitweise), KVP-Koordinator, KVP-Moderatoren, Personalleitung

Wieviel Zeit wird benötigt?

Ein Tag plus circa vier Wochen Vorlaufzeit.

Welche Hilfsmittel werden gebraucht?

Moderationsmaterial, Schreibmaterial, Stifte, Flipcharts, Papier, mehrere Pin-Wände, mehrere kleine Gruppenräume

Wann einsetzen?

Selten nimmt sich das Management Zeit, aus verschiedenen Blickwinkeln zu betrachten, wie KVP im Unternehmen läuft. In aller Regel beschränkt sich seine Aufmerksamkeit auf die vom Koordinator gelieferten Zahlen, Daten und Fakten. Aber auch Moderatoren und Koordinator haben im Alltag nicht die Ruhe, sich konzentriert mit dem Thema „KVP in unserem Unternehmen" zu beschäftigen und Erfahrungen auszutauschen. Der KVP-Tag bietet eine gute Plattform, KVP immer mal wieder ins allgemeine Bewusstsein zu rücken. In der Praxis hat es sich als sinnvoll erwiesen, einmal im Jahr einen KVP-Tag durchzuführen.

In einem kleinen produzierenden Unternehmen wird in der Produktion eine vierte Schicht eingeführt. Der Führungskreis möchte wissen, wie sich diese Änderung auf KVP ausgewirkt hat. Außerdem hat der Koordinator den Eindruck, dass eine Anerkennung der Moderatoren für deren Engagement in den letzten sechs Monaten angebracht wäre. Die Geschäftsleitung beschließt, zunächst einmal einen KVP-Tag durchzuführen.

Wie wird's gemacht?

Ablauf und Inhalt KVP-Tag

Teil 1: **Moderierte System-Reflexion** (circa 2 Stunden)
Kartenabfrage zum Thema: Was läuft bei KVP gut, was weniger?
Bewerten der wichtigsten positiven und negativen Aspekte durch
Punkten.
Erarbeitung erster Vorschläge zur Bearbeitung negativer Aspekte im
KVP-System.

Teil 2: **Erfahrungsaustausch** (circa 1 Stunde)
In Kleingruppen (3-5 Personen) beschäftigen sich die Moderatoren zum
Beispiel mit dem Thema: „schwierige Situationen im Moderatoren-
Alltag" und präsentieren ihre Ergebnisse im Plenum.
Diskussion im Plenum: welches Verhalten bietet sich in den bezeichneten
schwierigen Situationen an?

Teil 3: **Präsentation der Ergebnisse** der Geschäftsleitung und Diskussion
(circa 0,5 Stunden)

Teil 4: **Workshops** (circa 4 Stunden)
Koordinator und Moderatoren können jeweils an zwei Workshops
teilnehmen, die Themen haben sie bereits im Vorfeld ausgewählt.
Mögliche Workshopthemen können zum Beispiel sein:
Kommunikation, Visualisierung, Tipps für gute Moderation,
Entspannungstechniken, versteckte Zeitpotenziale, Rückenschule,
Ernährung ...

Die Vorbereitung des KVP-Tages und die Definition der Workshop-Themen übernimmt
in der Regel die Personalabteilung in Absprache mit dem KVP-Koordinator. Letzterer
sollte die System-Reflexion und den Erfahrungsaustausch moderieren. Die Leitung der
Workshops übernehmen die jeweiligen Experten.

Welche Arbeitsblätter können verwendet werden?
Arbeitsblatt 19: „Moderationsregeln"

Wird externe Beratung benötigt?
Eventuell für die Workshops des 4. Teils

Womit kombinierbar?

S2, S5, T1, T2, C1, C2, F1, P5

K3 Info-Tafeln

Was kann erreicht werden?

KVP-Info-Tafeln dienen zunächst der allgemeinen Information im Unternehmen. Sie können darüber hinaus eine Plattform für die KVP-Akteure sein, sich und ihre Arbeit zu präsentieren, Ziele überprüfbar zu definieren und deren Erreichungsgrad kontinuierlich zu messen beziehungsweise zu bewerten. Voraussetzung ist eine übersichtliche, ansprechende und informative Gestaltung. Staubige Tafeln, vergilbte Besprechungsprotokolle und Fotos von Moderatoren, die nicht mehr im Unternehmen sind, führen eher zu negativen oder gleichgültigen Haltungen gegenüber KVP.

Wer macht's?

KVP-Koordinator, eventuell KVP-Moderatoren

Wieviel Zeit wird benötigt?

circa 30 Minuten pro Monat

Wann einsetzen?

In Unternehmen sind nur die Angelegenheiten real und bedeutsam, über die gesprochen wird. Daher ist es wichtig, Instrumente zu haben, die schnell und für jeden verständlich aufzeigen, was im KVP-System läuft. KVP-Info-Tafeln können eines dieser Instrumente sein. An zentraler Stelle positioniert, sind sie für den Großteil der Beschäftigten gut erreichbar. Sie können auch zusätzlich in den jeweiligen Abteilungsbereichen angebracht werden.

In einem produzierenden Unternehmen mit circa 220 Mitarbeitern wurde bei Audits regelmäßig die mangelnde Aktualität und Sauberkeit der KVP-Info-Tafeln in den einzelnen Teamleiterbereichen beanstandet. Eine zentrale KVP-Info-Tafel gab es nicht. In Abstimmung mit der Geschäftsleitung wurden die Tafeln in den einzelnen Abteilungen ersetzt durch eine KVP-Litfasssäule am Eingang des Produktionsbereichs. Die Tafeln in den Teamleiterbereichen nutzen die teilautonomen Arbeitsgruppen zur Organisation und Koordination ihrer Aufgaben.

Wie wird's gemacht?

Beschreibung: Empfohlene Inhalte

Für die zentrale Info-Tafel ist der KVP-Koordinator zuständig, die Tafeln in den Abteilungen können auch von den Moderatoren betreut und gepflegt werden.

Inhalte für zentrale KVP-Info-Tafeln:
— Foto von KVP-Koordinator und KVP-Moderatoren
— Aktuell bearbeitete KVP-Themen mit Vorher/Nachher-Bild und – falls vorhanden – dazugehörigen Nutzwertanalyen
— Monatliche Auswertungen der KVP-Kennzahlen
— Allgemeine Infos und Veranstaltungen zum Thema KVP (zum Beispiel Einladung zum KVP-Tag, Audittermine, Moderatorentreffen und anderes)

Inhalte für KVP-Info-Tafeln in den einzelnen Abteilungen/Bereichen
— Foto der jeweiligen Moderatoren
— Aktuelle KVP-Themen der Abteilung/des Bereichs mit Vorher/Nachher-Bild und eventuell dazugehörigen Nutzwertanalysen
— Sofern sinnvoll verschiedene KVP-Kennzahlen bezogen auf die Abteilung/den Bereich
— Hinweis auf anstehende KVP-Besprechnungen oder Blitz-KVP´s
— Falls vorhanden – Themenliste oder Problemspeicher der Abteilung/des Bereichs

Wird externe Unterstützung benötigt?
Nein

Womit kombinierbar?
C1, C2

K4   KVP-Ausstellung

Was kann erreicht werden?

Eine KVP-Ausstellung kann KVP im Unternehmen bekannt machen und die Akzeptanz von KVP steigern. Unternehmensweite Aufmerksamkeit wird auch als Wertschätzung der engagierten KVP-Akteure empfunden. Schließlich kann eine KVP-Ausstellung die Bereitschaft indirekter Bereiche unterstützen, sich an KVP zu beteiligen.

Wer macht's

Geschäftsleitung, KVP-Koordinator, KVP-Moderatoren

Wieviel Zeit wird benötigt?

Mehrere Tage plus circa zwei Wochen Vorlaufzeit.

Welche Hilfsmittel werden gebraucht?

Verschiedene Visualisierungsmittel: Metaplan, Flipcharts, Vergrößerungen von Fotos und Zeichnungen. Großer Raum mit Tischen und Stelltafeln.

Wann einsetzen?

Oft ist KVP nur in der Produktion bekannt, und auch dort führt es mitunter ein Schattendasein. Dabei braucht die Umsetzung vieler Verbesserungsvorschläge aus KVP die Kompetenz und Unterstützung verschiedener Abteilungen und Bereiche – auch außerhalb der Produktion. Etwa der Instandhaltung, des Vertriebs, der Arbeitsvorbereitung oder der Materialwirtschaft.

Aber auch wenn die Absicht besteht, KVP in weiteren Bereichen einzuführen, kann eine KVP-Ausstellung nützlich sein.

In einem mittelgroßen produzierenden Unternehmen gibt es Überlegungen im Führungskreis, das in einigen Produktionsbereichen erfolgreiche KVP auf Arbeitsvorbereitung und Vertrieb auszudehnen. Die Geschäftsleitung beschließt, zunächst einmal eine KVP-Ausstellung im Unternehmen durchzuführen und dabei die Überlegungen zur Ausweitung von KVP einzubeziehen.

Wie wird's gemacht?

Checkliste
— Beschluss der Geschäftsleitung
— Terminabstimmung, um die Beteiligung von Mitarbeitern aller Bereiche
  des Unternehmens zu ermöglichen.

Vorbereitung:
— Visualisierung des KVP-Systems als Grafik
— Visualisierung des KVP-Prozesses und der KVP-Arbeitsweise
— Visualisierung der KVP-Ergebnisse für das Unternehmen
  (zum Beispiel Einsparungen)
— Visualisierung gelungener Beispiele umgesetzter Verbesserungen
  (Fotos, eventuell Videos mit Vorher-Nachher-Vergleichen, Einsparungen)
— Ablauf- und Eventplanung
— Designvorschlag: Marktplatz mit Ständen, an denen die KVP-Moderatoren
  Auskunft geben

Durchführung:
— Präsenz der Geschäftsleitung und des Führungskreises

Auswertung:
— Wie war die Beteiligung?
— Wie war das Interesse der Mitarbeiter?
— Welches waren die Hauptgesprächspunkte?
— Gab es konkrete Vorschläge zur Verbesserung von KVP?

Wird externe Unterstützung benötigt?
Nein

Womit kombinierbar?
C 2

K5 KVP-Marktplatz

Was kann erreicht werden?

Um die Mitarbeiter über KVP zu informieren und für KVP zu gewinnen, sind dialogorientierte Veranstaltungen wie ein Marktplatz besser geeignet, als herkömmliche Informationsveranstaltungen. Sehr gut geeignet ist der KVP-Marktplatz insbesondere als Kick-off-Veranstaltung.

Wer macht's

Geschäftsleitung, KVP-Koordinator, KVP-Moderatoren, Mitarbeiter

Wieviel Zeit wird benötigt?

Vorlauf circa 1 - 2 Wochen; Durchführung 2 – 3 Stunden pro Gruppe

Welche Hilfsmittel werden gebraucht?

Großer Raum, Stellwände, Flipcharts, Stehtische

Wann einsetzen?

Wird KVP in einem Unternehmen eingeführt, ist es wichtig, die Beschäftigten für den Gedanken der kontinuierlichen Verbesserung zu sensibilisieren, darüber zu informieren, was auf sie zukommt und wie das KVP-System aussieht. Der Marktplatz findet sinnvollerweise nach einem Strategieworkshop (siehe S 1) statt. Sind die Trainings für Koordinator und Moderatoren abgeschlossen, bietet der Marktplatz die Möglichkeit, das KVP-System sowie erste Erfahrungen (zum Beispiel bereits bearbeitete Themen und Problemlösungen) zu präsentieren.

Auch dann, wenn ein Neuanfang mit KVP geplant ist, bietet sich die Durchführung eines KVP-Marktplatzes an. Moderatoren und Koordinator können von ihren Erfahrungen berichten und Fragen der Mitarbeiter praxisnah beantworten.

In einem produzierenden Unternehmen sollen insgesamt 100 Mitarbeiter über die Einführung von KVP informiert werden. Die Geschäftsleitung entscheidet, für einen Tag einen KVP-Marktplatz einzurichten. In vier Gruppen zu jeweils 25 Personen werden die Mitarbeiter an den verschiedenen Ständen über das KVP-System informiert, über seine Spielregeln, Kennziffern und Formen der Anerkennung. Außerdem erleben sie eine (nachgestellte) KVP-Besprechung. Drei Stände werden von jeweils zwei Moderatoren betreut, den Stand KVP-System übernimmt der Koordinator.

Wie wird's gemacht?

Auf dem Marktplatz gibt es Info-Stände zu unterschiedlichen Themen rund um KVP. Betreut werden die Stände vom Koordinator und den Moderatoren. Nicht alle Mitarbeiter sollten gleichzeitig den KVP-Marktplatz besuchen, sondern jeweils eine Gruppe von circa 30 Personen. So werden sich an den Ständen schon nach kurzer Zeit Gespräche entwickeln, und die Mitarbeiter trauen sich, kritische Fragen zu stellen sowie Zweifel und Ängste zu artikulieren. Außerdem lernen die Mitarbeiter wichtige KVP-Akteure kennen und können auf Grund des direkten Kontakts besser motiviert werden, sich für KVP zu engagieren.

Checkliste Vorbereitung und Design KVP-Marktplatz
Vorbereitung
— Termin und Ort für Marktplatz festlegen
— Themeninhalte der einzelnen Stände sowie deren Präsentation
  und optische Gestaltung festlegen
— Betreuer der Info-Stände festlegen
— Festlegen welche bearbeiteten KVP-Problemlösungen vorgestellt werden
— Gegebenenfalls festlegen welche Bilder und Beispiele aus dem
  Workshop „Neubeginn" (siehe S 4) präsentiert werden.
— Beschäftigte in Besucher- Gruppen (maximal 30 Personen) einteilen
— Einladung der Gruppen zum KVP-Marktplatz
— Marktplatz/Info-Stände aufbauen

Design des KVP-Marktplatzes

Marktplatz bei KVP-Einführung	Marktplatz bei KVP-Neubeginn
Kurze Einführung der Geschäftsleitung und Erläuterung, was sie unter KVP versteht und warum KVP eingeführt wird sowie welche Ziele damit erreicht werden sollen. Vorstellung des KVP-Koordinators und der Moderatoren Dauer: circa 10 Minuten	Kurze Zusammenfassung der Geschäftsleitung über Inhalte und Erfahrungen im Workshop KVP-Neubeginn sowie glaubwürdige Begründung, warum trotz schlechter Erfahrungen an KVP festgehalten wird. Vorstellung des neuen Koordinators und der neuen Moderatoren und sowie ausdrückliche Rückendeckung der bisherigen Akteure Dauer: circa 10 - 15 Minuten
Vorstellung des KVP-Systems durch KVP-Koordinator Dauer: ca. 20 Minuten	Vorstellung des neuen KVP-Systems im Vergleich zum alten System durch den KVP-Koordinator Dauer: circa 30 Minuten
Öffnung der Info-Stände	Eröffnung der Bildergalerie und der Info-Stände
Dialog an den Ständen und Beantwortung von Fragen Dauer: circa 1,5 Stunden	Austausch an der Galerie Dialog und Duskussion an den Ständen Dauer: circa 1,5- 2 Stunden

Wird externe Unterstützung benötigt?

Nein

Womit kombinierbar?

S1, S4

K 6   Beobachtungsmodell
Ausblenden von Problemen[7]

Was kann erreicht werden?

Die Benutzung des Beobachtungsmodells lenkt die Aufmerksamkeit auf die realen KVP-Probleme und die Möglichkeiten, diese zu lösen. Es kann auch dazu beitragen, dass die Kompetenzen der KVP-Akteure, ihr eigenes Verhalten kritisch zu reflektieren und noch besser an den betrieblichen Realitäten auszurichten, wachsen. Dies trägt dazu bei, die wesentliche KVP-Aufgabe besser zu realisieren, nämlich die Umsetzung des Erfahrungswissens der Mitarbeiter in kostensparende und qualitätssteigernde Verbesserungen.

Verhaltensweisen des Ausblendens haben in der Regel mit tiefer liegenden strukturellen Problemen des KVP-Systems zu tun. In solchen Fällen kann die Nutzung des Beobachtungsmodells wertvolle Hinweise geben. Unter Umständen sind in der Folge Veränderungen des KVP-Systems insgesamt erforderlich.

Wer macht's?

KVP-Koordinator gibt Anstöße und beteiligt die Moderatoren.

Wann einsetzen?

Die Kommunikation in Problemlösungsprozessen blendet oft relevante Aspekte aus, ohne dass dies den Beteiligten bewusst wird: entweder das Problem selbst, um das es geht, oder dessen Bedeutung, oder aber dessen Lösbarkeit beziehungsweise die eigenen Fähigkeiten und Möglichkeiten, zu einer Lösung beizutragen.

In einem produzierenden Unternehmen mit circa 80 Mitarbeitern, dessen KVP-System bereits einige Konflikte durchlaufen hat, verlaufen KVP-Besprechungen immer häufiger im Sande. Die Mitarbeiter gehen zwar in die Sitzungen, äußern aber dann, sie hätten keine Probleme und auch keine Verbesserungsideen. Die Führungskräfte des Unternehmens wissen jedoch, dass dies nicht stimmt. Der KVP-Koordinator und die Moderatoren geraten zunehmend unter Druck. Die Moderatoren versuchen, die Mitarbeiter im Vorfeld der Sitzungen dazu zu bewegen, Probleme einzubringen, um zu vorzeigbaren Ergebnissen zu gelangen.

In diesem Beispiel ist das Ausblenden bestehender KVP-Probleme Ausdruck einer generellen Verweigerungshaltung der Mitarbeiter gegenüber dem KVP-System. Auf der Tagesordnung steht insofern dessen grundlegende Überarbeitung und der Aufbau von Vertrauensbeziehungen im Unternehmen.

Sehr verbreitet ist auch die weniger offensichtliche Variante, dass – fälschlicherweise – so getan wird, als sei das Problem klar und als gehe es nur noch um dessen Lösung.

---

[7]   In Anlehnung an Modelle der Transaktionsanalyse

Wie wird's gemacht?

Ausblenden von Problemen findet statt, wenn Informationen nicht zur Kenntnis genommen werden, die ein Problem kennzeichnen und für dessen Lösung wichtig sind. Der Grund dafür kann darin liegen, dass wichtige Informationen gar nicht bekannt sind, oder aber, dass die Existenz oder Lösung eines Problems als bedrohlich empfunden und das Hinsehen vermieden wird. Im KVP-System geht es darum, Verbesserungsthemen bearbeitbar zu machen.

Ausblenden kann man direkt nicht beobachten. Immer jedoch ist es begleitet von passiven Verhaltensweisen, die beobachtet werden können. Die häufigsten passiven Verhaltensweisen sind folgende:

Passive Verhaltensweisen

— Nichts tun   Energie geht in das Unterbinden jeder problembezogenen
                           Handlung

— Überanpassung   Energie geht in die Erfüllung der (angenommenen)
                           Erwartungen anderer, anstatt in die Verfolgung eigener
                           Handlungsmöglichkeiten

— Agitation   Energie geht in das ‚Um-den-heißen-Brei-reden' anstatt in
                           eine Problemlösung

Ausblenden kann auf vier verschiedenen Ebenen stattfinden:

Ausblenden kann auf vier verschiedenen Ebenen stattfinden:	Beispielhafte Äußerungen	Passive Verhaltnsweise
Ebene der Existenz des Problems	„Das gibt's bei uns nicht – und wenn, sollten wir uns besser heraushalten"	Nichts tun
Ebene der Bedeutung des Problems	„Dieses Qualitätsproblem gibt es zwar – es spielt aber bei uns keine große Rolle"	Nichts tun
Ebene der Veränderbarkeit des Problems	„... damit haben wir zwar immer wieder Schwierigkeiten, das lässt sich aber nicht ändern, wir müssen damit leben. Wir hatten schon immer dieses Problem und haben früher bereits alles mögliche versucht"	Agitation
Ebene der eigenen Fähigkeiten zur Veränderung	„Damit haben wir zwar Probleme, aber ohne die Geschäftsleitung können wir gar nichts machen. Wenn die Geschäftsleitung uns entsprechende Vorgaben macht, werden wir natürlich alle Hebel in Bewegung setzen"	Überanpassung

In der Praxis wird mitunter über Lösungsmöglichkeiten von Problemen gestritten, obwohl gar nicht alle Beteiligten von der Existenz oder Bedeutsamkeit des entsprechenden Problems überzeugt sind. Oder die Beteiligten ergehen sich im endlosen Erforschen der Ursachen eines Problems, ohne Lösungsmöglichkeiten auch nur anzusprechen, weil unbewusst Lösungen vermieden werden sollen.

In KVP-Teams wie auch in Sitzungen des Entscheidergremiums empfiehlt es sich, folgende Fragen klar voneinander zu unterscheiden und hintereinander gemeinsam zu klären:

Was ist das Problem?
— Welches ist seine Bedeutung?
— Wie ist es lösbar?
— Können wir das?

Wird externe Unterstützung benötigt?
Ein Berater mit Ausbildung in Transaktionsanalyse kann hilfreich sein.

Womit kombinierbar?
K1, M1, M2, M3, T2

3.3 Arbeitsblätter zu den Tools

Übersicht

Nr.	Titel
1	Diagnose KVP-System
2	Entscheidungsrechte über Verbesserungsvorschläge
3	Entscheidungsrechte über Ressourcen für KVP
4	Entscheidungsrechte über Auswahl der KVP-Akteure
5	Entscheidungsrechte über Veränderungen des KVP-Systems
6	KVP-Themen und -Probleme identifizieren
7	Infoblatt KVP-Thema des Monats
8	Checkliste Prozessbegleitung KVP-Thema des Monats
9	Kalkulationsschema KVP-Nutzwertanalyse
10	Protokollformular KVP-Besprechung
11	KVP-Themenspeicher
12	Visualisierung und Bearbeitung komplexer Arbeitsablaufprobleme in KVP-Workshops
13	Blitz-KVP am Arbeitsplatz
14	Bewertungsbogen für Führungskräfte (Eignung für KVP)
15	Bewertungsbogen KVP-Koordinator
16	Bewertungsbogen KVP-Moderator
17	Lernkarte
18	Reflexion sinnvoller Formen der Belohnung/Wertschätzung für KVP-aktive Mitarbeiter
19	Regeln für den Moderator
20	KVP-Kennzahlen

Arbeitsblatt 1:
Diagnose KVP-System

KVP-Entwicklungsfelder	Fragen	Eher ja	Eher nein
(1) Strategische Ausrichtung	1.1 Verbindet die Geschäftsleitung klare strategische Ziele mit KVP?		
	1.2 Sind diese Ziele den Mitarbeitern im Unternehmen insgesamt bekannt und von ihnen akzeptiert?		
	1.3 Bestehen Kennzahlen, die klar erkennen lassen, ob diese Ziele erreicht sind?		
	1.4 Hat die Geschäftsleitung Vorstellungen, wie KVP weiter entwickelt werden soll?		
(2) Themenfokussierung	2.1 Besteht Klarheit im Unternehmen, welche aktuell die KVP-Themen sind und welche nicht?		
	2.2 Ist die Geschäftsleitung mit den Verbesserungsvorschlägen in diesen Themenbereichen (Anzahl und Nutzen) zufrieden?		
	2.3 Gibt es weitere KVP-geeignete Themen(bereiche), die aber nicht mit KVP bearbeitet werden?		
	2.4 Gibt es aus Sicht der Geschäftsleitung im Unternehmen ungenutzte Verbesserungspotenziale?		
(3) Controlling	3.1 Gibt es KVP-Kennzahlen?		
	3.2 Werden sie im Zeitverlauf gemessen und bewertet?		
	3.3 Kennen Sie den Betrag, der durch KVP im vergangenen Jahr eingespart wurde?		
	3.4 Gibt es für jede Kennzahl Zielmarken?		
	3.5 Wenn ja, werden die Zielmarken dieses Jahr erreicht?		
	3.6 Sind die Mitarbeiter motiviert, diese Zielmarken beziehungsweise die KVP-Ziele zu erreichen?		
(4) Methoden/Medien	4.1 Unterstützen die Methoden und Medien, die in KVP eingesetzt werden, die Generierung und Umsetzung von Verbesserungsideen?		
	4.2 Können die KVP-Moderatoren die Methoden und Medien kompetent handhaben?		
	4.3 Können die Mitarbeiter diese kompetent handhaben?		
(5) Personalentwicklung	5.1 Ist die Koordinatorenrolle mit der richtigen Person besetzt?		
	5.2 Ist der Koordinator für seine Rolle im KVP-System ausreichend qualifiziert?		
	5.3 Sind die Moderatorenrollen von den richtigen Personen besetzt?		
	5.4 Sind die Moderatoren für ihre Rolle im KVP-System ausreichend qualifiziert?		
	5.5 Wissen alle Mitarbeiter, worum es in KVP geht und was KVP ihnen abverlangt?		

Arbeitsbaltt 1   Seite 2

KVP-Entwicklungsfelder	Fragen	Eher ja	Eher nein
(6) Mitarbeiterführung	6.1 Unterstützen alle Führungskräfte KVP?		
	6.2 Wird im Unternehmen ein Führungsstil gelebt, der Mitarbeiter zu Eigeninitiative und zu neuen Ideen ermutigt?		
	6.3 Wird das KVP-Engagment der Mitarbeiter auf geeignete Weise wahrgenommen und anerkannt		
(7) Kommunikation	7.1 Sehen Sie Blockaden in der Kommunikation zwischen Geschäftsleitung und KVP-Koordinator?		
	7.2 Sehen Sie Blockaden in der Kommunikation zwischen Koordinator und Moderatoren?		
	7.3 Sehen Sie Blockaden in der Kommunikation zwischen Koordinator und Mitarbeitern?		
	7.4 Sehen Sie Blockaden in der Kommunikation zwischen Moderatoren und Mitarbeitern?		
	7.5 Sehen Sie Blockaden in der Kommunikation zwischen Moderatoren und Führungskräften?		
	7.6 Sehen Sie Blockaden in der Kommunikation zwischen Koordinator und Führungskräften?		
	7.7 Sehen Sie Blockaden in der Kommunikation zwischen Mitarbeitern und Führungskräften?		
	7.8 Läuft der Gesamtprozess im KVP-System reibungslos?		
	7.9 Wird über die Verbesserungsideen in KVP zügig entschieden?		
	7.10 Werden die beschlossenen Verbesserungen zügig umgesetzt?		
	7.11 Bekommen die beteiligten Mitarbeiter aus den Entscheidungs- und Umsetzungsprozessen regelmäßige und zeitnahe Rückmeldungen?		
(8) KVP-Verbesserungen	Wo sehen Sie Verbesserungs-/Entwicklungspotenziale für Ihr KVP-System (bitte nennen Sie maximal 3 Stichworte)?		
	Welche Verbesserungen wollen Sie in einem Jahr erreichen (bitte nennen Sie maximal 3 Stichworte)?		
	(Wo) halten Sie externe Unterstützung für sinnvoll (bitte nennen Sie maximal 3 Stichworte)?		

Arbeitsblatt 2:
Entscheidungsrechte über Verbesserungsvorschläge

Art der Entscheidungsbeteiligung	Erklärung
Entscheidung	Der Schlussstrich am Ende eines Prozesses. Die Person(en), die am Ende entscheiden, haben auch zu verantworten.
Beteiligung	Das Recht, am Entscheidungsprozess beteiligt zu werden und die eigene Meinung zu vertreten.
Information	Das Recht, über eine Entscheidung und/oder über den Fortgang eines Entscheidungsprozesses informiert zu werden.
Eskalation	Das Recht, bei einer anstehenden oder getroffenen Entscheidung bis hin zum Veto zu eskalieren.
Veto	Das Recht, eine Entscheidung zu verhindern beziehungsweise rückgängig zu machen.

Entscheidungsrechte Verbesserungsvorschläge	Geschäfts-leitung	KVP-Koordina-tor	KVP-Moderato-ren	Mitarbei-ter/ KVP-Teams	Zuständi-ger Vorge-setzter (Meister)	Betriebs-rat
Entscheidung (bis wann spätestens)						
Beteiligung (zu welchem Zeitpunkt)						
Information (zu welchem Zeitpunkt)						
Eskalation						
Veto						

Arbeitsblatt 3:
Entscheidungsrechte über Ressourcen für KVP

Art der Entscheidungsbeteiligung	Erklärung
Entscheidung	Der Schlussstrich am Ende eines Prozesses. Die Person(en), die am Ende entscheiden, haben auch zu verantworten.
Beteiligung	Das Recht, am Entscheidungsprozess beteiligt zu werden und die eigene Meinung zu vertreten.
Information	Das Recht, über eine Entscheidung und/oder über den Fortgang eines Entscheidungsprozesses informiert zu werden.
Eskalation	Das Recht, bei einer anstehenden oder getroffenen Entscheidung bis hin zum Veto zu eskalieren.
Veto	Das Recht, eine Entscheidung zu verhindern beziehungsweise rückgängig zu machen.

Entscheidungsrechte Ressourcen für KVP	Geschäfts-leitung	KVP-Koordina-tor	KVP-Moderato-ren	Mitarbei-ter/ KVP-Teams	Zuständi-ger Vorge-setzter (Meister)	Betriebs-rat
Entscheidung (bis wann spätestens)						
Beteiligung (zu welchem Zeitpunkt)						
Information (zu welchem Zeitpunkt)						
Eskalation						
Veto						

Arbeitsblatt 4:
Entscheidungsrechte über Auswahl der
KVP-Akteure

Art der Entscheidungsbeteiligung	Erklärung
Entscheidung	Der Schlussstrich am Ende eines Prozesses. Die Person(en), die am Ende entscheiden, haben auch zu verantworten.
Beteiligung	Das Recht, am Entscheidungsprozess beteiligt zu werden und die eigene Meinung zu vertreten.
Information	Das Recht, über eine Entscheidung und/oder über den Fortgang eines Entscheidungsprozesses informiert zu werden.
Eskalation	Das Recht, bei einer anstehenden oder getroffenen Entscheidung bis hin zum Veto zu eskalieren.
Veto	Das Recht, eine Entscheidung zu verhindern beziehungsweise rückgängig zu machen.

Entscheidungsrechte über Auswahl der KVP-Akteure	Geschäfts-leitung	KVP-Koordina-tor	KVP-Moderato-ren	Mitarbei-ter/ KVP-Teams	Zuständi-ger Vorge-setzter (Meister)	Betriebs-rat
Entscheidung (bis wann spätestens)						
Beteiligung (zu welchem Zeitpunkt)						
Information (zu welchem Zeitpunkt)						
Eskalation						
Veto						

Arbeitsblatt 5:
Entscheidungsrechte über Veränderungen
das KVP-Systems

Art der Entscheidungsbeteiligung	Erklärung
Entscheidung	Der Schlussstrich am Ende eines Prozesses. Die Person(en), die am Ende entscheiden, haben auch zu verantworten.
Beteiligung	Das Recht, am Entscheidungsprozess beteiligt zu werden und die eigene Meinung zu vertreten.
Information	Das Recht, über eine Entscheidung und/oder über den Fortgang eines Entscheidungsprozesses informiert zu werden.
Eskalation	Das Recht, bei einer anstehenden oder getroffenen Entscheidung bis hin zum Veto zu eskalieren.
Veto	Das Recht, eine Entscheidung zu verhindern beziehungsweise rückgängig zu machen.

Entscheidungsrechte Veränderungen das KVP-Systems	Geschäfts-leitung	KVP-Koordina-tor	KVP-Moderato-ren	Mitarbei-ter/ KVP-Teams	Zuständi-ger Vorge-setzter (Meister)	Betriebs-rat
Entscheidung (bis wann spätestens)						
Beteiligung (zu welchem Zeitpunkt)						
Information (zu welchem Zeitpunkt)						
Eskalation						
Veto						

Arbeitsblatt 6:
KVP-Themen und -Probleme identifizieren

Themenbereiche	Allgemeine Beispiele	Eigene betriebliche Probleme und Themen
Organisation/Abläufe/ Arbeitsmethoden	Unsinnige Wege	
	Doppelarbeiten	
	Unnötige Lagerhaltung	
	Unklare Regelungen	
	Zu späte Einbindung vor- oder nachgelagerter Stellen	
	Überflüssige Transporte	
Qualität	Zu hoher Nacharbeitsaufwand	
	Zu hoher Ausschuß	
	Immer wiederkehrende Toleranzabweichungen	
Material und Energie	Nicht optimale Materialzuschnitte	
	Maschinen laufen unnötig	
	Zu hoher Einsatz von Kühl-/Schmierstoffen	
Arbeitsbedingungen/ Arbeitssicherheit/ Gesundheit	Zu hoher Lärmpegel	
	Zu hohe Schadstoffkonzentrationen	
	Unfallgefahr durch fehlerhafte Anlagen/Arbeitsmittel	
Ordnung und Sauberkeit	Unübersichtliche Lagerhaltung	
	Sauberkeit am Arbeitsplatz/an der Maschine	
	Anordnung der Arbeitsmittel	
Information und Wissen	Konstruktionszeichnungen nicht fertigungsgerecht	
	Unzureichende Planungsunterlagen	
	Fehlerhafte Maschinendokumentationen	
	Nichtaktuelle Etikettierungen	
Mitarbeitereinsatz	Fehler durch Ausbildungsmängel einzelner Mitarbeiter	
	Unterhalb ihres Erfahrungs-/Ausbildungsniveaus eingesetzte Mitarbeiter	
	Ungenügende Einbindung von Mitarbeitern/ ihres Erfahrungswissens	
	Fehler durch mangelnde Kooperationen	

Arbeitsblatt 7:
Infoblatt KVP-Thema des Monats

Beispiel: Material- und Energieeinsparung

Fokus	Text
Zahlen, Daten, Fakten: Marktveränderungen, Wettbewerbsposition des Unternehmens	Liebe Mitarbeiterinnen und Mitarbeiter, Die Preise für ... sind im letzten Jahr um ... % gestiegen mit der Folge deutlich erhöhter Produktionskosten für unser Unternehmen. Wenn es uns nicht gelingt, hier durch Einsparungen gegenzusteuern, werden wir unsere Preise erhöhen müssen.
Konsequenzen für das Unternehmen	Daraus erwächst die Gefahr, dass wir Aufträge an Wettbewerber, die insgesamt mit niedrigeren Produktionskosten arbeiten können, verlieren werden. Mittelfristig wäre unser Produktionsstandort gefährdet,
Konsequenzen für die Mitarbeiter	also auch Ihre Arbeitsplätze. Bereits kurzfristig kommen wir um Einsparungen im Personalkostenbereich nicht mehr herum.
Konsequenzen für KVP	Die Geschäftsleitung geht davon aus, dass die Möglichkeiten, in der Produktion teures Material und Energie einzusparen, keineswegs erschöpft sind. In Gesprächen mit dem Betriebsrat haben wir in diesem Punkt Übereinstimmung erzielt. Wir haben daher beschlossen, dass Einsparmöglichkeiten beim Material- und Energieeinsatz KVP-Schwerpunktthema des Monats ... sein soll. Ausdrücklich betonen wir, dass auch kleinste Einsparungen sinnvoll sind, da sie sich in der Summe für das Unternehmen rechnen werden. Parallel haben wir einen größeren Auftrag an eine Material- und Energieeffizienzagentur vergeben, mit dem größere Einsparpotenziale ausgeleuchtet werden sollen. Wir fordern alle Mitarbeiter in den KVP-Gruppen auf, ihre Verbesserungsvorstellungen zur Einsparung von Material und Energie einzubringen. Wir werden dafür sorgen, dass speziell diese Verbesserungen bevorzugt und schnell umgesetzt werden. Nach Ablauf des Monats ... wird Herr ..., unser KVP-Koordinator, die Erfahrungen auswerten, und die Geschäftsleitung wird über das weitere Vorgehen entscheiden.

Arbeitsblatt 8:
Checkliste Prozessbegleitung KVP-Thema
des Monats

Beispiel: Material- und Energieeinsparung

Leitfragen für die Prozessbeobachtung	Bemerkungen
Wie wurde das Infoblatt der Geschäftsleitung durch die Mitarbeiter, Moderatoren und Meister aufgenommen?	
Findet ein Umsteuern in den KVP-Gruppen hinsichtlich Einsparungen im Material- und Energieeinsatz statt?	
Wie ist die Qualität der entsprechenden Verbesserungsvorschläge zu bewerten?	
Sind die Mitarbeiter motiviert, sich mit dem Thema Material- und Energieeinsparungen zu beschäftigen?	
Welche Argumente werden in diesem Zusammenhang vorgebracht?	
Wird das Thema Material- und Energieeinsparungen von den Meistern unterstützt?	
Wird das Thema Material- und Energieeinsparungen von den indirekten Bereichen unterstützt?	

Arbeitsblatt 9:
Kalkulationsschema KVP-Nutzwertanalyse

Sitzung Nr.	
Moderator:	
Problem:	
Lösung:	

Berechnung[1]	Rechenformel	Ist-Situation	mit KVP-Lösung
Zeit in Industriekunden		0,3	0,15
Beschäftigte Zeit in Sec. (t)	$t = 60 \cdot te$	18	9
Stück p.a. (s)		10.000	10.000
Gesamtzeit p.a. in h (T)	$T = s \cdot t / 3600$	50	25
Einsparung p.a. in h (E)	$E = T_{ist} - T_{KVP}$		25
Einsparung p.a. in € [2] E_ϵ)	$E_\epsilon = E \cdot 30€/h$		750
Werkzeugkosten in €			50
Kosten für Bearbeitung in €			15
Bemusterungskosten in €			0
Materialkosten in €			0
Anfragekosten in €			0
Verwaltungskosten in €			0
Amortisation in Jahren (A)	$A = K / E_\epsilon$		0,09
Einsparung in 2 Jahren (E_2)	$E_2 = (E_\epsilon - K) \cdot 2$		1370

1) Rechenformeln sind in der Exel-Tabelle eingefügt   2) festgelegter kalkulatorischer Stundenlohn z.B. 30€/h

Foto vor KVP	Foto nach KVP

Arbeitsblatt 10: Protokollformular KVP-Besprechung

Protokoll der KVP-Sitzung ... (Datum)

Sitzung:

Sitzungs-Nr.:	
Moderator:	
Teilnehmer:	1.
	2.
	3.
Bearbeitetes Thema:	
Ziel der Sitzung:	

Lösungsvorschläge:			
	wer?	was?	bis wann?
1.			
2.			
3.			
Geschätzte Einsparung in Euro:			

verabschiedete Maßnahmen:			
	(wer) Stelle/Person	(bis wann) Termin (KW)	(erledigt am) Datum/Kürzel
1.			
2.			
3.			

Arbeitsblatt 11:
KVP-Themenspeicher

Unsere eignen Themen/Probleme	Punkte/Rang	KVP-Teilnehmer	Termin	Erledigt

Themen/Probleme, die andere eingebracht haben	Datum/Rang	KVP-Teilnehmer	Termin	Erledigt

Arbeitsblatt 12:
Visualisierung und Bearbeitung komplexer
Arbeitsablaufprobleme in KVP-Workshops

KVP-Workshop:

Datum: _____ Moderator: _____

Workshop-Mitglieder
_____
_____

Was ist die zu lösende Aufgabe/das Problem?
_____
_____

Welche Ziele wollen wir erreichen?
_____
_____
_____

Schritt 1:				**Schritt 2:**
Prozess/Arbeitsabschnitt beschreiben und analysieren				**Problempunkte festhalten**
Ablaufschritt/Fotos	Was?	Warum?	Wie?	

KVP-Workshop:

Datum: Moderator:

Workshop-Mitglieder

Was ist die zu lösende Aufgabe/das Problem?

Schritt 3: Verbesserungs-Ideen erarbeiten		Schritt 4: Verbesserungsmaßnahmen festlegen		
Foto	Verbesserungs-Ideen	Wer?	macht was?	bis wann?

Arbeitsblatt 13:
Blitz-KVP

Laufende KVP-Nummer:

Blitz-KVP vom:

Teilnehmer:

Foto des Problems

1. Ziele:

2. Bearbeitetes Thema:

3. Hauptursachen:

4. Lösungsvorschläge:

Nr. was?	Wer? bis wann?	macht

Foto der Lösung

Arbeitsblatt 14:
Bewertungsbogen für Führungskräfte

(Eignung für KVP)

Dieser Bewertungsbogen kann von Mitarbeitern zur Bewertung der Resonanz- und Dialogfähigkeit ihrer Führungskraft ausgefüllt werden. In einer Gruppe/Abteilung bewertet jeder Mitarbeiter seinen Vorgesetzten. Dies kann anonym oder auch offen geschehen. Die Ergebnisse stellen ein Feedback der Mitarbeiter dar, das realistisch und wertschätzend abgegeben werden sollte.
Resonanz- und Dialogfähigkeit der Führungskräfte gegenüber den Anliegen und Bedürfnissen* der ihnen unterstellten Mitarbeiter sind Führungskompetenzen, die für ein funktionierendes KVP-System unverzichtbar sind.

Die Ergebnisse können Grundlage entweder für einen Workshop, den ein geeigneter externer Berater mit den Führungskräften durchführt, oder für individuelle Coachings für Führungskräfte sein.

---

*   Ausgangspunkt des Bewertungsbogens sind die Grundbedürfnisse der Mitarbeiter nach
  – **Bindung** (mit den Polen **‚Nähe'** einerseits und **‚Distanz'** andererseits)
  – **Selbstbestimmung** (mit den Polen **‚Freiheit'** einerseits und **‚Sicherheit'** andererseits)
  – **Selbstachtung** (mit den Polen nach individueller **‚Einzigartigkeit'** einerseits und **‚Zugehörigkeit'** andererseits).

Feedback zur Führungskompetenz von: (Name des Vorgesetzten)

bitte bepunkten Sie auf einer Skala von 1 (sehr gut ausgeprägt) bis 6 (äußerst gering ausgeprägt)

(ggf.) **Name:** (des Mitarbeiters)			Punkte
Bindung	Nähe	Als Führungskraft sind Sie erreichbar, hören zu, nehmen Anteil auch an Gefühlen, ermutigen und sind präsent. Man geht gern und ohne Angst zu Ihnen. Wenn Fehler passieren, hat man die Sicherheit, mit Ihnen gut darüber reden zu können.	
	Distanz	Als Führungskraft sind Sie jemand, der klar ‚nein' sagen kann, wenn Sie etwas nicht wollen. Sie fordern, sind gerecht, handeln nicht nach Sympathie und setzen klare Grenzen. Minderleistungen sprechen Sie klar und schnell an	
Selbstbestimmung	Freiheit	Als Führungskraft delegieren Sie klar und verleihen die nötige Macht, um die Aufgaben zu bewältigen. Sie mischen sich nicht unnötig ein und vertrauen auf die Kompetenz Ihrer Mitarbeiter.	
	Sicherheit	Als Führungskraft haben Sie klare Vorstellungen und teilen diese auch klar mit. Sie setzen eindeutige Werte, Regeln und Ziele und halten diese auch bei Gegenwind durch. Man weiß, wo es hin geht und wie man bei Ihnen dran ist.	
Selbstachtung	Einzigartig-keit	Als Führungskraft sind Sie jemand, der individuelle Leistungen deutlich würdigt und dies auch öffentlich ausspricht. Ihre Wertschätzung für Mitarbeiter, die sich hervortun, kommt zeitnah und glaubwürdig.	
	Zugehörigkeit	Als Führungskraft haben Sie viel Aufmerksamkeit für das Team. Sie achten auf das Arbeitsklima. Sie sorgen dafür, dass niemand ausgegrenzt wird oder Sündenböcke gesucht werden. Sie sorgen dafür, dass Zeit für notwendige Besprechungen ist.	

Arbeitsblatt 15:
Bewertungsbogen KVP-Koordinator

Name: _____

Kompetenz	Eigenschaften	Eher ja	Eher nein
Soziale Kompetenz	Kann gut mit Menschen umgehen		
	Verfügt über sicheres Auftreten, kann vor einer Gruppe und Hierarchen stehen, besitzt gesundes Selbstbewußtsein		
	Wird von Mitarbeitern, Moderatoren und Führungskräften geschätzt		
	Ist offen und kommunikativ		
	Kann Frust und Konflikte aushalten, kann ausgleichend wirken		
	Besitzt ein gutes Durchhaltevermögen		
	Kann gut zuhören, ist resonanzfähig		
Fachkompetenz	Verfügt über ein breites Fachwissen		
	Weiss um Zusammenhänge, kennt Produkte und Prozesse, besitzt Überblick		
	Ist in der Hierarchie relativ weit oben angesiedelt		
Eigen- und Fremdmotivation	Hat einen ausgeprägten Willen zur Selbst-Entwicklung, ist ehrgeizig und will vorwärts kommen		
	Hat den Verbesserungsgedanken verinnerlicht, ist von KVP überzeugt		
	Traut sich „alte Zöpfe abzuschneiden" und Tabus anzusprechen		
	Hat Freude an seiner Aufgabe bzw. an vielen Projekten gleichzeitig zu arbeiten		
	Kann zum Mitmachen überzeugen und begeistern		
Methodenkompetenz	Beherrscht die Grundlagen der Kommunikation		
	Verfügt über ein breites Methodenspektrum (Moderation/Visualisierung, Problemlösetechniken, Projektmanagement)		
	Besitzt Einflussmöglichkeiten und informelle Macht auf unterschiedlichen Ebenen		
	Kann einschätzen, wann welche Instrumente der Tool-Box anzuwenden sind		

Arbeitsblatt 16:
Bewertungsbogen KVP-Moderator

Name: _____

Kompetenz	Eigenschaften	Eher ja	Eher nein
Soziale Kompetenz	Kann gut mit Menschen umgehen		
	Verfügt über sicheres Auftreten, kann vor einer Gruppe stehen		
	Wird von Kollegen und Vorgesetzten geschätzt		
	Kommunikativ		
	Gibt nicht so schnell auf		
	Kann gut zuhören		
Fachkompetenz	Verfügt über ein breites Fachwissen		
	Weiss um Zusammenhänge		
	Kann sich zurücknehmen und unauffällig leiten		
Eigen- und Fremdmotivation	Hat einen ausgeprägten Willen zur Selbst-Entwicklung (will dazu lernen, ist ehrgeizig)		
	Hat Freude am Moderieren/seiner Aufgabe		
	Kann zum Mitmachen überzeugen und begeistern		
Methodenkompetenz	Grundlagenwissen im Bereich Kommunikation in Gruppen		
	Kenntnisse und Fertigkeiten bezüglich Moderation, Visualisierung, Präsentation		
	Kenntnis verschiedener Problemlösemethoden		

Arbeitsblatt 17:
Lernkarte

WAS?

Bisher

Neu

WANN?
ODER/UND
WIE?
WARUM?
ANDERS WENN?

ACHTUNG

Arbeitsblatt 18:
Reflexion sinnoller Formen der Belohnung/ Wertschätzung für KVP-aktive Mitarbeiter

Verbreitete Formen der Belohnung/Wertschätzung für KVP-aktive Mitarbeiter:

Materiell/Geld	Wahrscheinliche Wirkung in meinem Unternehmen	Ideell/Person oder Team	Wahrscheinliche Wirkung in meinem Unternehmen
Prämien: an Teams oder einzelne Mitarbeiter pauschal oder als Anteil an Einsparungen		Lob, Dank	
Einmalzahlungen: jährlich oder halbjährlich an KVP-Teams oder Belegschaft		Betriebsöffentliche Anerkennung	
Andere Formen: Verlosungen, Incentives, Gutscheine ...		Besuch der Geschäftsleitung vor Ort	
		Gemeinschafts-aktivitäten mit Ge-schäftsleitung	
Weitere Formen/ Mischformen		Mischformen	

Arbeitsblatt 19:
Regeln für den Moderator

— Der Moderator bereitet die KVP-Sitzung vor: Ziel, Gegenstand, Visualisierung, Vorinformation der Mitarbeiter.

— Der Moderator sorgt dafür, daß zu Beginn der KVP-Besprechung ein klares Ziel definiert wird.

— Der Moderator sorgt dafür, dass die Reihenfolge der Bearbeitungsschritte eingehalten wird und jeder Schritt angemessen bearbeitet wird.

— Der Moderator informiert externe Stellen über die Umsetzungsplanung beziehungsweise gibt Aufträge weiter.

— Der Moderator berichtet in der Gruppe über die Umsetzung der Verbesserungsvorschläge.

— Der Moderator sorgt für die Einhaltung folgender Kommunikationsregeln:
    Niemand redet länger als eine Minute
    Jeder Teilnehmer soll sich äußern können
    Alle Meinungen sind gleich wichtig
    Jeder kann im Rahmen der vorgegebenen Redezeit ausreden.

Arbeitsblatt 20:
KVP-Kennzahlen

	KVP-Aufwand (pro Zeiteinheit)	KVP-Nutzen (pro Zeiteinheit)	Zielgrößen
quantitativ	Investitionen in Umsetzungsaktivitäten (P)	Anzahl der Verbesserungsvorschläge	
	KVP-Sitzungen (Anzahl, Beteiligte, Stundenvolumen x Geldfaktor) (P)	Anzahl der umgesetzten Verbesserungsvorschläge	
	Arbeitszeit Koordinator (Stundenvolumen x Geldfaktor) (P)	Zeitdauer vom Vorschlag bis zur Entscheidung	
	Aus- und Weiterbildungsbildungsaufwand Koordinator (P)	Zeitdauer von der positiven Entscheidung zur Umsetzung	
	Aus- und Weiterbildungsaufwand Moderatoren (P)	Einsparvolumen (P)	
	Materielle Infrastruktur (z. B. KVP-Datenbank) (P)	Qualitätsverbesserungen (z. B. Senkung des Nacharbeitsaufwandes oder von Fehlerquoten)	
qualitativ		Verbesserungsvorschläge nach Sachgebieten	
		Kompetenzerweiterung	
		Zuwachs Innovationsfähigkeit	
		Zuwachs Mitarbeiterzufriedenheit und Motivation	
		Zuwachs Arbeitsschutz und -sicherheit	
		Verbesserung von Abläufen	
		Verbesserung der Kommunikation	

4.   KVP-Praxisbeispiele [8]

Unternehmensbeispiel A

Rahmenbedingungen des Unternehmens

A ist ein Unternehmen der Metallbearbeitung, das vorwiegend Press- und Schnittteile in großen Serien für große Kunden produziert.

Am Standort werden 65 Mitarbeiter beschäftigt. 2004/5 – bei Einführung von ViT (ViT = Verbesserungen im Team), dem KVP-System von A – waren es noch circa 80.

Zur Sicherung der Wettbewerbsfähigkeit des Unternehmens sieht die Geschäftsleitung im wesentlichen zwei Stellschrauben: die kontinuierliche Verbesserung der Produktivität durch technische und organisatorische Maßnahmen und die Senkung der Kosten. Für beides wird KVP/ViT von der Geschäftsleitung als wichtig angesehen. Die Muttergesellschaft übt hier einigen Druck aus.

Zur Verbesserung der Kapazitätsauslastung hat A in 2006 eine 4. Schicht in der Produktion eingeführt, so dass die teuren neuen Maschinen rund um die Uhr laufen.

Jährlich durchgeführte Erhebungen zeigen, dass die Mitarbeiterzufriedenheit hoch ist. Allerdings wird (von den KVP-Moderatoren) kritisch eingewandt, dass ein ganz anderes Bild entstünde, wenn man dieses Ergebnis ‚auf die Goldwaage' lege.

Der Betriebsrat wird von der Geschäftsleitung als mächtig und gewerkschaftsorientiert beschrieben, wodurch Produktivitätssteigerungen an einigen Stellen Grenzen gesetzt seien (zum Beispiel bei der Arbeitszeit).

Beschreibung des aktuellen KVP-Systems

Neben ViT, dem KVP-System für die kleinen, inkrementellen Verbesserungen, besteht (länger schon als ViT) ein stärker auf fachliche Experten und größere, meist projektförmig organisierte Verbesserungen ausgerichtetes KVP. Es ist als Rahmenbedingung für ViT anzusehen, ansonsten bleibt es hier außer Betracht.

Außerdem gibt es noch immer das traditionelle betriebliche Vorschlagswesen, das Verbesserungsvorschläge monetär vergütet. Der Betriebsrat hatte seinerzeit bei Einführung von ViT dessen Abschaffung verhindert, um Besitzstand zu wahren. Allerdings besteht es heute aus kaum mehr als einem nur selten benutzten Briefkasten.

---

8   Die folgenden Praxisbeispiele wurden auf Wunsch der Unternehmen anonymisiert.

Zusammengefasst gibt es also drei Ebenen des Verbesserungswesens:
— ViT für die kleinen Verbesserungen („was behindert mich immer wieder bei meiner Arbeit");
— KVP für größere Projekte;
— Betriebliches Vorschlagswesen.

Für die Geschäftsleitung hat ViT hohe Piorität – auch wenn es Verbesserungen nicht mehr in dem Umfang wie in dessen Anfangsjahren bringt. Die Geschäftsleitung sieht die nach wie vor und prinzipiell als hoch eingeschätzten Potenziale von ViT zunehmend weniger ausgeschöpft und hat starkes Interesse daran, ViT wiederzubeleben. Schließlich fordert auch das QM-System des Unternehmens die Existenz eines funktionierenden Verbesserungssystems.

ViT – Strukturen, Abläufe, Akteure
In der Produktion gibt es drei ViT-Gruppen mit drei ViT-Moderatoren (ein Moderator aus der Werkzeuginstandhaltung, einer aus der Stanzerei und einer aus der Weiterverarbeitung). Die Gruppen tagen nach Bedarf. In den ersten Jahren des Bestehens von ViT gab es monatlich eine Gruppensitzung – heute nur noch zwei bis drei pro Jahr.
In den Gruppensitzungen, die jeweils von den Moderatoren einberufen werden, werden methodisch unterstützt (Kartenabfrage, Plakatformulare, Problemspeicher) Verbesserungsvorschläge gesammelt und besprochen, die der Moderator später vor dem Entscheidergremium (Geschäftsleitung, Leiter Kundenprojekte/Engineering, Produktionsleiter, KVP-Koordinator) präsentiert. Das Entscheidergremium generiert eine Liste von Verbesserungsvorschlägen (aus ViT, KVP und gegebenenfalls dem betrieblichen Vorschlagswesen), über die entschieden wird (Annahme oder Ablehnung) und die sukzessive abgearbeitet werden. Diese Liste wird auch zu Controllingzwecken genutzt. Als Kennziffern zur Bewertung der Erfolge von ViT gelten die Anzahl der Verbesserungsvorschläge pro Zeiteinheit sowie die erzielten Kosteneinsparungen.
Die Moderatoren melden die Entscheidungen über die Verbesserungen zurück in die Gruppen, die dann an der Umsetzung der positiv entschiedenen Vorschläge beteiligt werden. Die umgesetzten Verbesserungsvorschläge werden dokumentiert.

Veränderungen bis heute
An den Strukturen und Abläufen von ViT hat sich folgendes geändert:
— Anders als in den Anfangsjahren präsentieren heute die Moderatoren den gesamten Problemspeicher ihrer Gruppen (nicht mehr lediglich die prioritär bewerteten Probleme) den Entscheidern, die dann frühzeitig entscheiden, welche in ViT bearbeitet werden, und welche nicht. Grund ist, dass die Gruppen immer häufiger Probleme benannt haben, die keine ViT-Themen sind (sondern eher zum Beispiel Instandhaltungs- oder Arbeitssicherheitsprobleme), und die frühzeitig aussortiert werden sollen.

— Die Anzahl der ViT-Sitzungen wie auch der Verbesserungsvorschläge hat erheblich nachgelassen (früher eine bis vier Sitzungen pro Monat, heute eine Sitzung pro Halbjahr mit normalerweise einem Thema pro Sitzung), was zum Teil mit der Einführung der 4. Schicht zusammenhängt, daneben aber gravierende tiefer liegende Gründe hat. Anspruch der Geschäftsleitung ist, pro Vierteljahr drei bearbeitete Themen zu bekommen.

— Früher haben die ViT-Sitzungen Entscheidersitzungen nach sich gezogen, heute ist es umgekehrt. Der Impuls zur Durchführung einer ViT-Sitzung geht von einer anberaumten Entscheidersitzung aus, dem Termin des Entscheidergremiums folgen die Termine der ViT-Sitzungen, die ohne Druck durch das Entscheidergremium gar nicht mehr zustande kämen.

— Am Anfang war die Teilnahme an ViT für die Mitarbeiter freiwillig. Später wurde sie − als immer weniger kamen − verpflichtend.

— Am Anfang ist ViT gut gelaufen, es gab genügend − überwiegend technische − Probleme (mit den alten Maschinen). Als dann diese Probleme weitgehend abgearbeitet und die neuen Maschinen da waren, sank die Motivation der Mitarbeiter, sich zu beteiligen, obwohl es auch weiterhin Probleme, allerdings mehr in den Abläufen, gab.

Schwierigkeiten und Probleme aus der Sicht der betrieblichen Akteure

— Die Motivation vieler Mitarbeiter, sich für ViT zu engagieren, hat − verglichen mit der Einführungs- und Anfangsphase, erheblich nachgelassen. Nur wenige − immer dieselben − engagieren sich noch in den Sitzungen. Die Beteiligung an ViT-Sitzungen bedarf zunehmend des sanften Drucks durch den Produktionsleiter. Dieser spricht vom „Negativdenken" vieler Mitarbeiter im Zusammenhang mit ViT. Von manchen Mitarbeitern werden Aussagen kolportiert wie ViT sei eine „clevere Bescheißung" und „Ideenklau". Und: „Wenn ich in ViT was einbringe, muss ich's auch lösen und habe die Arbeit. Halte ich besser den Mund." Viele Mitarbeiter sind (mittlerweile?) der Meinung, sie seien „zum Schaffen" da, Verbesserungen seien nicht ihre Aufgabe. Es gibt auch die Haltung „warum soll ich mich in ViT engagieren, bei den wirklichen Problemen ist ja doch nichts zu machen." Ein Beispiel für die wirklichen Probleme, die in ViT nicht akzeptiert werden, seien die Raumprobleme.

— Der Anteil „falscher Themen", die nicht in ViT, sondern woanders hin gehören, ist sehr hoch geworden (bis zu 80 % nach Aussage des Produktionsleiters): Instandhaltungsthemen (zum Teil aufgebauscht) und Arbeitssicherheitsprobleme werden als ViT- Themen eingebracht und müssen nachträglich wieder „ausgeschleust" werden. Es wird die Frage gestellt, ob Mitarbeiter und Moderatoren hier nicht (mehr?) richtig zu unterscheiden vermögen. Die Vermutung der Moderatoren geht dahin, dass Instandhaltungsthemen deswegen bei ViT landen, weil sich auf dem normalen Weg nichts tut, sie verschleppt werden. Die Wartezeit, wenn man sich mit einem Instandhaltungsproblem direkt an die Instandhaltung wendet, sei zum Teil größer, als wenn man zum selben Problem eine ViT-Sitzung macht. ViT wird immer noch als Möglichkeit der organisationalen Aufmerksamkeitsfokussierung angesehen, „ViT hat also einen Nutzen." Zugleich jedoch wird moniert, dass ViT-Probleme auch zu langsam bearbeitet werden, der Weg über ViT ein Umweg sei. Es entsteht der Eindruck, dass Probleme der Arbeitsablaufgestaltung bisher kaum als ViT-Themen wahrgenommen werden, aber durchaus vorhanden sind.

— Vermutet wird, dass es keine ViT-Probleme mehr gibt, alle bereits nach einem Problemstau im Gefolge der Einführung neuer Maschinen vor einigen Jahren bearbeitet und gelöst sind. Zugleich ist die Rede von „Super-ViT-Themen", die es gibt, und die immer wieder neu entstehen. Ratlosigkeit besteht bei der resultierenden Frage, warum die meisten Mitarbeiter trotz guter Rahmenbedingungen (bezahlte Freistellung für ViT-Sitzungen) keine ViT-Themen mehr einbringen. In ihrer Not regen die Moderatoren in den Sitzungen selbst Themen an (was eigentlich nicht ihre Aufgabe ist), oder bringen eigene (zum Teil Instandhaltungs-)Themen ein. Vorläufiger Höhepunkt dieser Entwicklung ist eine Sitzung, in der der Problemspeicher leer blieb und der Moderator die Sitzung unverrichteter Dinge beenden musste, obwohl er die Mitarbeiter vorher aufgefordert hatte, sich Gedanken über mögliche ViT-Themen zu machen. „In der Sitzung sagen sie nichts, aber danach motzen sie ‚rum". Mitunter sagen die Moderatoren den Mitarbeitern sogar die ViT-Probleme, die diese dann in der Sitzung einbringen (sollen)! Den Problemspeicher zu machen, sei für Moderatoren „ein Riesenproblem."

— Seit die Produktion in vier Schichten läuft, ist es schwierig, die Mitarbeiter einer ViT-Gruppe zur gleichen Zeit an einen Tisch zu bekommen. Für die Anzahl der Schichten ist der Betrieb zu klein. Beim Übergang auf vier Schichten habe das Betriebsklima sehr gelitten, insbesondere auch die Bereitschaft, einander in der Arbeit zu helfen. Dies trägt – zusammen mit der immer geringeren Motivation der Mitarbeiter, sich an ViT zu beteiligen – zur Erosion des ViT-Systems bei. Besonders die Moderatoren betonen, dass beides jedoch auseinander zu halten sei.

— ViT (und dessen Akteure) wird von Mitarbeitern abgewertet, steht nicht mehr hoch im Kurs, wird nur noch durch Druck der Hierarchie (Produktionsleiter, Geschäftsleitung) am Leben erhalten. Die Moderatoren kommen sich, wenn sie zu einer Sitzung einladen wollen, gegenüber den Mitarbeitern „wie Bittsteller" vor und müssen sich anhören, dass sie „selber schuld" seien, wenn sie hier „den Kasper spielen". Es gibt die ernst zu nehmende Meinung, dass es „die Moderatoren nicht mehr lang machen".

— Die Umsetzung der ViT-Vorschläge wird zunehmend zum Problem. Es ist nicht ganz klar, wer ein Interesse daran hat, wer wirklich relevanter Promotor ist, wer den Umsetzungsprozess verfolgt, controllt. Die Koordinatorin arbeitet mit sehr gut gestalteten Formularen (zum Beispiel einem Auftragsblatt) und tut viel für die Transparenz der Prozesse. Trotzdem scheinen zunehmend negative Umsetzungserfahrungen (Verzögerungen und Mängel beim Feedback und anderes) bei den Mitarbeitern eine Rolle zu spielen: „Vieles wurde x-mal angegangen, aber immer noch nicht gelöst". Als Beispiel wird die schlechte Luft in der Produktion genannt.

— Der Anteil der Mitarbeiter, die nicht gut lesen und schreiben, sich auch nicht gut verbal artikulieren können, ist relativ hoch. Es gibt insbesondere eine Reihe ausländischer Mitarbeiter, die bei Kärtchenabfragen und Verbalisierung von Problemen Schwierigkeiten haben. „Manche Mitarbeiter könnten, wollen aber nicht und manche wollen, können aber nicht".

— ViT wird im Unternehmen auch als Fassade gesehen, ähnlich wie die Audits. Einerseits sei es üblich, über die Köpfe der Mitarbeiter hinweg zu entscheiden, ohne Beteiligung, oft ohne Informationen, andererseits wird im ViT-Kontext gefordert: „bringt Eure Verbesserungsvorschläge ein." Wenn die Mitarbeiter durch die Führung frustriert werden, ziehen sie sich gegenüber ViT zurück. Allgemeiner formuliert: eine nicht-dialogische Mitarbeiterführung einerseits und ViT andererseits passen nicht zusammen.

Problemfelder und Ansatzpunkte aus externer Perspektive

— Der Teufelskreis der Moderatorenrolle im ViT-System besteht darin, dass die Geschäftsleitung von den Moderatoren ViT-Sitzungen und -themen fordert, sie entsprechend unter Druck setzt, die Moderatoren dem nachgeben, in ihrer Not Mitarbeiter zu Sitzungen überreden, in denen sie zunehmend „falsche" Themen akzeptieren deren Resultate dann – zunehmend – vom Führungskreis verworfen werden. In der Folge gerät ViT – zunehmend – bei den Mitarbeitern in Misskredit, so dass schließlich von der Geschäftsleitung noch mehr Druck auf die Moderatoren ausgeübt werden muss, um neue Sitzungen und Themen zu generieren – womit sich der Teufelskreis schließt. Über die Zeit ist dieser Kreis eine Spirale geworden und die Moderatoren sind das Kettenglied, das dem wachsenden Druck des gesamten Systems am stärksten ausgesetzt ist. Es ist offensichtlich, dass an dieser Stelle ein Zerreißen droht.

— Mit ViT ausschließlich technische Probleme zu fokussieren, scheint nicht mehr sinnvoll, da diese überwiegend abgearbeitet sind. Ablaufprobleme sind de fakto die ViT-Themen von heute. Aber ein entsprechender Wechsel ist weder kommuniziert, noch ist ViT darauf eingestellt. Da dieser Wechsel noch nicht vollzogen wurde, kommt es zu dem Widerspruch, dass in ViT bei gleichzeitigem Stau unbearbeiteter sogenannter Super-ViT- Themen ein akuter Themenmangel herrscht.

— Ablaufprobleme im Unternehmen (zum Beispiel innerhalb der Instandhaltung) bewirken, dass vieles im Unternehmen liegen bleibt, sich verzögert. ViT wird hier (immer noch) mitunter als ‚Überholspur' benutzt. Zugleich wird beklagt, dass ViT zu langsam, ein Umweg sei. Um diesen Gegensatz aufzulösen, wäre eine prioritäre Bearbeitung vorhandener Ablaufprobleme (eventuell durch ein neues KVP) der richtige Ansatzpunkt.

— Die Führungskräfte beteiligen die Mitarbeiter zu wenig, entscheiden über deren Köpfe hinweg und informieren zu wenig. Wenn diese Mitarbeiter sich zugleich in ViT engagiert und informiert beteiligen sollen, bleibt ihnen der Widerspruch divergierender kommunikativer Botschaften nicht verborgen und mindert ihre Motivation. Insgesamt entsteht das Bild, dass das Management Mitarbeiterpotenziale zu nutzen versucht, zugleich aber zu wenig für deren Pflege und Entwicklung tut.

— Es fehlt ein glaubwürdiger und angesehener KVP-Promotor im Unternehmen. Die Mitarbeiter nehmen dem Management insgesamt nicht ab, dass es mehr will, als lediglich eine ViT-Fassade.

— Der Ruf von ViT ist in einem Ausmaß ruiniert, dass nur ein kompletter Neuanfang mit neuem System, neuen (glaubwürdigen) Promotoren und vorhergehender Verabschiedung des Alten sinnvoll erscheint.

— Auf einer ganz anderen Ebene liegen die Probleme, die viele Mitarbeiter mit schriftlicher und verbaler Kommunikation haben. ViT gibt an dieser Stelle methodisch keine Hilfen. Dies scheint aber dringend erforderlich.

Empfehlungen, vorgeschlagene Interventionen, Beratungsleistungen

Es wird empfohlen, dass A einen völligen Neuanfang mit KVP macht, der auch kommuniziert und wahrgenommen wird als Neuanfang und nicht lediglich als kosmetische Aufbereitung des jetzigen Systems. Dies kann nur gelingen, wenn ein glaubwürdiger Schlussstrich gezogen wird und eine neue Zuständigkeit durch die Unternehmensleitung etabliert wird. In diesem Zusammenhang erscheint es sinnvoll, auch neue Bezeichnungen einzuführen. Voraussetzung ist, dass der Führungskreis (eventuell gemeinsam mit dem Betriebsrat) für sich und für das Unternehmen klärt, was KVP für A zukünftig sein soll, welche Ziele damit verfolgt werden und wie dessen Organisation konkret aussehen soll.

Besonders wichtig ist die Kommunikation des Neuanfangs durch die Geschäftsleitung im Unternehmen. Sie sollte sehr sorgfältig vorbereitet werden und kann nur gelingen, wenn der erstgenannte Punkt realisiert ist.

Unternehmensbeispiel B

Rahmenbedingungen des Unternehmens

B ist ein Unternehmen der Metallbearbeitung, das mittels der Technologien Tiefziehen, Stanzen und Biegen Teile in großen Serien herstellt. Das Unternehmen wurde 1965 gegründet und befindet sich auch heute noch im Besitz der Gründerfamilie. Am Standort werden 140 Mitarbeiter beschäftigt. Das Kerngeschäft ist die Filtertechnik, ein – insbesondere wegen konkurrierender Billigprodukte aus Fernost – schwieriger Markt.

Außerdem werden Stanz- und Biegeteile, Tiefziehteile und Teile für Doppelkupplungen gefertigt. Produziert wird vorwiegend für Automobilzulieferer. B hat aber auch Kunden aus dem Investitionsgüterbereich.

Zur Sicherung der Wettbewerbsfähigkeit des Unternehmens sieht die Geschäftsleitung folgende Strategien: hohe Stückzahlen in Verbindung mit Automatisierung, Produktion von innovativen Produkten, die ein hohes technisches Know-how erfordern, enge und langjährige Kundenbeziehungen sowie die Erhöhung der internen Wertschöpfung (Lieferung montagefertiger Bauteile oder vormontierter Baugruppen). Im Vergleich zur Konkurrenz kann B mit einem vom Angebot bis zur Serienfertigung durchgängigen Projektmanagement punkten und damit, dass das Unternehmen Prozessentwicklung, Werkzeugbau und Serienfertigung aus einer Hand bietet. B verfügt über einen umfassenden Maschinenpark, 2007 wurde er ergänzt um eine 10.000t Presse.

Beschreibung des aktuellen KVP-Systems

Das Unternehmen verfügt über ein rein mitarbeiterorientiertes KVP-System. Im Fokus stehen die kleinen, schrittweisen Verbesserungen. Ziel der Geschäftsleitung bei der Etablierung der so genannten KVP-Zirkel im Jahr 2001 war, das Wissen der Mitarbeiter von unten nach oben weiterzugeben sowie die Mitarbeiter vor Ort bei der Identifikation von Schwachstellen und der Erarbeitung von Lösungsideeen einzubeziehen. Komplexere Themen werden bei B in Projekten bearbeitet.

Die Geschäftsleitung ist mit den in KVP bearbeiteten Themen zufrieden. Auch wenn Verbesserungen nicht mehr im ursprünglichen Umfang erarbeitet werden, sind die KVP-Zirkel für die Geschäftsleitung nach wie vor von Bedeutung. Zum einen sieht sie die Zirkel als ein wichtiges Instrument der Unternehmensführung, zum anderen als das Instrument der Mitarbeiter, Probleme zu bearbeiten. Darüber hinaus ist KVP ein zentrales Element für die geforderten Zertifizierungen. Die Geschäftsleitung hat großes Interesse daran, die KVP-Aktivitäten zu steigern.

Strukturen, Abläufe, Akteure

Bei B gibt es vier KVP-Moderatoren, das sind die Meister. Sie sind dementsprechend fest den einzelnen Meisterbereichen (Produktionsbereich 1, Produktionsbereich 2, Werkzeugbau und Produktionstechnik) zugeordnet. Die jeweiligen KVP-Zirkel tagen nach Bedarf. In den ersten Jahren nach Einführung der KVP-Zirkel gab es pro Gruppe eine KVP-Sitzung im Monat – „nach dem zweiten Jahr mussten wir uns dazu zwingen". Heute findet pro Quartal und Moderator eine Zirkelsitzung statt.

Ideen für Zirkel-Themen werden in der Regel in der wöchentlichen Meisterrunde angestoßen, kommen zu einem geringeren Teil aber auch aus Reklamationen oder aus dem Qualitätswesen. All diese Vorschläge werden in der KVP-Besprechung (4 Moderatoren/Meister und Produktionsleiter) gesammelt und schriftlich fixiert („lebende" Themenliste). Danach wird gemeinsam festgelegt, welcher Moderator welches Thema in seiner Gruppe bearbeitet. Diese Besprechung findet etwa alle zwei Monate statt. Neben der Auswahl der zu bearbeitenden Themen wird in der KVP-Besprechung auch der Status der laufenden Themen verfolgt und überprüft, wie weit die Umsetzung fortgeschritten ist, was erledigt ist und was noch offen ist, wo es Schwierigkeiten gibt und so weiter.

In den KVP-Zirkeln, die jeweils von den Moderatoren (Meistern) einberufen werden, werden methodisch unterstützt (Arbeitsposter, Kartenabfrage) Verbesserungs- beziehungsweise Lösungsvorschläge gesammelt und besprochen. Diese werden später vor der Gutachterrunde (Geschäftsleitung, Produktionsleiter und KVP-Koordinator) von den Moderatoren präsentiert. In der Gutachterrunde wird über die Vorschläge entschieden (Annahme oder Ablehnung) und eine Maßnahmenliste (KVP-Protokoll) erstellt und verabschiedet. Diese Liste wird auch zu Controllingzwecken in der KVP-Besprechung genutzt.

Die Moderatoren melden die Entscheidungen über die Verbesserungen zurück in die Gruppen, die dann an der Umsetzung der positiv entschiedenen Vorschläge beteiligt werden.

Maßnahmen aus KVP-Zirkeln, die nicht termingerecht erledigt werden, kommen auf die sogenannte „Offene-Posten-Liste". Sie wird einmal pro Monat an Geschäftsleitung, Produktionsleiter und säumige Realisierer weitergeleitet. Mit einem separaten Formblatt bestätigen die aufgeforderten Realisierer die Erledigung der überfälligen Maßnahme. Sind die Maßnahmen eines KVP-Zirkels vollständig realisiert, wird dies vom Produktionsleiter in einem entsprechenden Formblatt festgehalten und der Zustand im Vergleich vorher – nachher dokumentiert. Bei B spielt der KVP-Koordinator eine untergeordnete Rolle, denn seine Aufgaben umfassen ausschließlich Service-Leistungen. Er koordiniert die Termine für die Gutachterrunde, erfasst die KVP-Protokolle/Maßnahmenlisten in der EDV und generiert daraus die Offene-Posten-Liste. Zusammengefasst läuft KVP bei B vorwiegend bedarfsorientiert ab, die Mitarbeiter übernehmen in den KVP-Zirkeln die Rolle, (oft vorher schon feststehende) Problemlösungen auszuarbeiten.

Veränderungen bis heute

An den Strukturen und Abläufen des Systems hat sich folgendes geändert:

— Die Anzahl der Moderatoren wurde reduziert. Früher waren neben den Meistern auch noch die Schichtführer Moderatoren.

— Die Anzahl der KVP-Zirkel-Sitzungen wurde verringert (früher je Moderator einmal pro Monat, heute je Moderator einmal pro Quartal). Die Geschäftsleitung hat sich dafür entschieden, weil aufgrund der verringerten Menge an Verbesserungsvorschlägen und des gestiegenen Produktionsvolumens einige Zirkel-Maßnahmen nicht mehr realisiert wurden. Heute steht vor allem deren konsequente Umsetzung in den KVP-Zirkeln im Vordergrund, nicht mehr die Anzahl der erarbeiteten Vorschläge.

— Früher hatte jede Gruppe ihren Problemspeicher, in dem die Themen der Mitarbeiter erfasst und bewertet wurden. Diese Speicher gibt es heute nicht mehr. Die Themen für die KVP-Zirkel werden in der KVP-Besprechung aus einer Themenliste ausgewählt und den Moderatoren entsprechend zugeteilt.

— Zusätzlich eingeführt wurde das Formblatt „Dokumentation zur Wirksamkeit von Maßnahmen". Damit dokumentiert der Produktionsleiter, dass alle in einem bestimmten Zirkel erarbeiteten Maßnahmen abgeschlossen sind sowie den Vergleich „vorher – nachher" und – sofern möglich – die resultierenden Einsparungen.

— Seit 2007 wird mit steigender Tendenz auf einen bestimmten handwerklich sehr versierten Mitarbeiter zurückgegriffen, wenn es darum geht, (technische) Probleme zu bearbeiten, bei denen „Grips" gefordert ist und deren Lösung schnell realisiert werden muss.

Schwierigkeiten und Probleme aus der Sicht der betrieblichen Akteure

— KVP ist kein Selbstläufer, immer wieder muss angeschoben werden; Aus der Meisterrunde kommen häufig nur dann KVP-Themen, wenn von oben (Geschäftsführung) oder außen (anstehende Zertifizierung) Druck kommt.

— Die Moderatoren/Meister greifen von sich aus zu wenig nach dem Instrument KVP-Zirkel, um eigene Aufgaben besser bewerkstelligen zu können. Sie zeigen nach Auffassung der Geschäftsleitung zu wenig Eigeninitiative.

— Es besteht zum Teil wenig Interesse bei den Mitarbeitern, an den Zirkeln aktiv teilzunehmen, der Teilnehmerkreis ist relativ begrenzt. Das Interesse der Mitarbeiter konzentriert sich eher darauf, was mit den in den Zirkeln entwickelten Maßnahmen passiert.

— Die Mitarbeiter bringen sich in KVP hauptsächlich bei der Ideenumsetzung ein, ein kleiner Kreis auch bei der Erarbeitung der Lösungsideen. In der Wahrnehmung der Geschäftsleitung beteiligen sich Mitarbeiter kaum noch an der Identifizierung von KVP-Themen.

— Es werden hauptsächlich Themen bearbeitet, die mit technischen Maßnahmen zu lösen sind und Investitionen nach sich ziehen. Themen, die eher mit Kreativität, „Grips" und einer intelligenteren Nutzung vorhandener Hilfsmittel zu lösen sind, gibt es kaum. Das Nachdenken darüber, was man besser, kreativer, intelligenter machen könnte, fehlt aus Sicht der Geschäftsleitung durchgängig.

— Die Produktionsleitung bemängelt, dass KVP sich nur auf die Produktion bezieht, andere Bereiche außen vor bleiben, Potentiale in den indirekten Bereichen nicht genutzt werden.

— In den Zirkeln werden vorwiegend technische Probleme bearbeitet. Probleme der Ablaufgestaltung sowie in den Bereichen, die der Produktion zuarbeiten beziehungsweise von der Fertigungssteuerung nicht erfasst sind, werden im Rahmen von KVP nicht thematisiert (zum Beispiel bei Musterteilen und bei Versuchen).

— Bei B tauchen immer wieder Qualitätsprobleme auf, bei denen keine eindeutigen Aussagen über die Problemursachen gemacht werden können. Für diese Art von Problemen ist die Methodik, die im KVP-Zirkel angewendet wird, wenig geeignet, denn der Zirkel ist so konzipiert, dass die Lösungsvorschläge aus den Ursachen heraus entwickelt werden.

— Ein wesentlicher Schwachpunkt des Systems wird in der Umsetzung der Maßnahmen gesehen. Die Koordination der Maßnahmenumsetzung obliegt den Meistern. Aus Sicht der Produktionsleitung liegen die Verzögerungen daran, dass die Umsetzungen nicht konsequent verfolgt werden und/oder die zeitlichen Ressourcen dafür fehlen.

— Einzelne Verbesserungsvorschläge werden nicht konsequent betreut.

— Nach Aussage der Mitarbeiter wird im Unternehmen zu wenig über KVP kommuniziert. Die Mitarbeiter bekommen keine Informationen darüber, warum es nicht weitergeht, warum etwas nicht umgesetzt wird oder was in den anderen Bereichen läuft.

— Zu selten werden Fachleute aus anderen Bereichen (zum Beispiel Elektriker oder Schlosser) in die KVP-Zirkel einbezogen.

— Aus Sicht der Mitarbeiter ist die Lösung eines Problems durch KVP langsam und unsicher. „KVP-Zirkel finden statt, wenn KVP´s gebraucht werden" aus eher formalen Anlässen (zum Beispiel bei anstehender Zertifizierung), nicht wenn es darum geht, Themen direkt und schnell umzusetzen. Solche Themen werden zunehmend über einen Mitarbeiter mit Sonderfunktion (siehe oben) abgewickelt.

— Nach Aussage der Meister werden KVP-Zirkel dann eingesetzt, wenn die Lösung eines Problems unbekannt ist und/oder der zur Umsetzung geschätzte Investitionsbedarf größer ist als das Budget eines Meisters.

— Die Moderatoren (Meister) sehen derzeit keinen Bedarf, Schnittstellen-Themen und Ablaufthemen in KVP zu bearbeiten.

— Es herrschen unterschiedliche Meinungen darüber, woher die Themen für die KVP-Zirkel kommen. Aus Sicht der Geschäftsleitung kommen die Themen vorwiegend aus der Meisterrunde, mitunter auch aus Reklamationen, kaum von den Mitarbeitern. Nach Meinung der Produktionsleitung bringen insbesondere die Meister die Themen ein, die sie zum Teil von ihren Mitarbeitern bekommen haben. Nach Aussage der Meister stammen die meisten Themen für KVP von den Mitarbeitern, weniger aus der Meisterrunde, aus Reklamationen gar keine.

— Im Unternehmen gibt es unterschiedliche Maßstäbe dafür, dass KVP wichtig ist. Maßstab der Moderatoren: Stärke des Drucks, wenn Umsetzungstermin nicht eingehalten wird; Maßstab der Mitarbeiter: sehen, dass etwas gemacht wird, etwas umgesetzt wird beziehungsweise darüber informiert wird.

Problemfelder und Ansatzpunkte aus externer Perspektive

Aus externer Sicht lassen sich folgende Problemfelder und Ansatzpunkte formulieren:

Trotz der übersichtlichen Betriebsstruktur besteht kein einheitliches Bild über das betriebliche KVP-System. Ein solches wird auch nicht kommuniziert. Die Geschäftsleitung fokussiert auf die Meisterrunde, die KVP-Zirkel, die Gutachterrunde und das Umsetzungscontrolling über die Offene-Postenliste. Produktionsleiter und Meister sehen ihre eigene KVP-Besprechung im Zentrum des KVP-Systems, während die Mitarbeiter lediglich die KVP-Zirkel, die für (vorgegebene) KVP-Probleme Lösungen erarbeiten, wahrnehmen. Entsprechend unklar sind vielen Mitarbeitern wohl auch die eigenen Beteiligungsmöglichkeiten.

— Technische Problemlösungen (zum Beispiel besondere Vorrichtungen an Maschinen), die schnell erledigt werden sollen, werden außerhalb von KVP direkt von einem handwerklich begabten Mitarbeiter gelöst. Formal sind diese Lösungen nicht Bestandteil von KVP, dem Problemtyp nach schon. Es etablieren sich hier kleine KVP's außerhalb von KVP.

— KVP wird, um formalen Anforderungen des Qualitätsmanagementsystems zu genügen, als Fassade erhalten und bleibt als solche weit hinter seinen Möglichkeiten: Mitarbeiter wissen mehr (insbesondere über die Ursachen mancher Qualitätsprobleme), als sie einbringen, Potenziale der indirekten Bereiche bleiben ungenutzt und Ablaufthemen finden kaum Eingang in KVP, ebenso wenig wiederkehrende Qualitätsprobleme, deren Ursachen nicht gefunden werden.

— So, wie KVP zur Zeit läuft, ist es nicht ausreichend anschlussfähig an die vorhandene Problemlösungskompetenz beziehungsweise an das vorhandene Erfahrungswissen der Mitarbeiter. Ein gezieltes methodisch unterstütztes ‚Abholen' der Mitarbeiter könnte hilfreich sein. Ein zentraler Ansatzpunkt wären Moderatoren, die auch wirklich Moderatorenfunktionen wahrnehmen.

Empfehlungen, vorgeschlagene Interventionen, Beratungsleistungen

— Klärung und Vereinheitlichung der Erwartungen an KVP im Führungskreis. Dabei sollte es besonders um die Frage gehen, was KVP bei B überhaupt ist (und was nicht), welches die relevanten Themen sind, auf die KVP fokussieren soll und auf welche Weise KVP aus den indirekten Bereichen zu unterstützen ist. Es wird in diesem Zusammenhang insbesondere empfohlen, KVP stärker auf Qualitätsthemen auszurichten.

— Ausbildung zusätzlicher KVP-Moderatoren und Benennung eines in der Produktion anerkannten KVP-Koordinators. Die Moderatorenschulung sollte neben der allgemeinen KVP-Moderation spezielle Problemlösungsinstrumente für Qualitätsprobleme vermitteln, die insbesondere die Zusammenarbeit von Mitarbeitern unterschiedlicher Bereiche unterstützen. Von besonderer Bedeutung sind hierbei arbeitsintegrierte Problemlösungsmethoden, um auch das bisher „stumme" Mitarbeiterwissen zu nutzen.

Unternehmensbeispiel C

Rahmenbedingungen des Unternehmens

C ist eine inhabergeführte mittelständische Feingiesserei mit 470 Mitarbeitern, die überwiegend sehr komplexe Teile hauptsächlich für die Automobilindustrie (ca. 40%) in großen und mittleren Serien produziert. Wichtige Kunden kommen aber auch aus Maschinenbau und Anlagentechnik (zusammen ca. 45%).

2003 wurde ein mitarbeiterorientiertes KVP-System eingeführt, als das traditionelle Vorschlagswesen zum Erliegen gekommen war. Dieses KVP-System brachte nur kurze Zeit die erwarteten Ergebnisse. Auch die Versuche, es (immer wieder) über neue Schulungen und neue Kennzahlen wiederzubeleben, hatten zunächst an der Wellenbewegung mit stetigem Trend nach unten nichts ändern können. Der Tiefpunkt war 2005 erreicht, als das System kaum noch KVP-Themen generierte.

Nach einer Bestandsaufnahme erfolgte ein Neubeginn mit einem neuen „Koordinator", der jetzt die Bezeichnung „Mentor" bekam. Seitdem läuft KVP zu aller Zufriedenheit mit guten, auch quantifizierbaren Ergebnissen, so dass bereits über eine Ausweitung von KVP auf Vertrieb und Arbeitsvorbereitung nachgedacht wird.

Beschreibung des aktuellen KVP-Systems

Im Zentrum des gegenwärtigen KVP-Systems steht die Person des Mentors, der folgende Aufgaben wahrnimmt: Abrufen und Einsammeln von Verbesserungsvorschlägen überwiegend von den Mitarbeitern verschiedener Produktionsbereiche, Einberufung und teilweise auch Moderation der KVP-Sitzungen nach Bedarf (bei Vorschlägen, die als KVP-Projekt geeignet sind), Einbeziehung leitender Führungskräfte ebenfalls nach Bedarf, Controlling, Dokumentation und Visualisierung der KVP-Projekte sowie zeitnahes Feedback an die Mitarbeiter. Der Mentor betreibt KVP weitgehend als Schnittstellenmanagement. Als Assistent der technischen Geschäftsleitung hat er dafür eine geeignete Position im Unternehmen, die auch Grundlage seiner allgemein hohen Akzeptanz ist. KVP ist auf die Produktion konzentriert und bringt dort relativ hohe (auch quantifizierte) Einsparungen. Dies gilt allerdings nicht für alle Produktionsbereiche. Insbesondere die Gießerei ist direkt in KVP kaum einbezogen. Lediglich in Einzelfällen indirekt, wenn andere Bereiche aus KVP-Projekten heraus Anforderungen an die Gießerei stellen, die dann in der Regel von deren Meister erfüllt werden.

Die Probleme, die mit KVP bearbeitet werden, liegen auf sehr unterschiedlichen Komplexitätsniveaus, sie reichen von einfachen arbeitsplatzbezogenen Problemen bis hin zu anspruchsvollen technischen oder Ablaufproblemen, die das reine Mitarbeiter-KVP eigentlich überfordern. In den letztgenannten Fällen hat der Mentor die Möglichkeit, Projekte aufzulegen.

Strukturen, Abläufe, Akteure

Leicht lösbare einfache Probleme werden schnell in direkter Absprache meist zwischen KVP-Moderator (Vorarbeiter) und Meister vor Ort besprochen und gelöst – unter Umständen auch ohne formelle KVP-Sitzung. Der Mentor erhält nur ein kurzes Protokoll, um die Verbesserung in der KVP-Datenbank zu dokumentieren. In der Regel macht er in diesen Fällen keine Kosten-/Nutzen-Analyse.

Bei Problemen mittlerer Komplexität wird der Mentor vorab informiert (wenn er sich bei seinen häufigen Betriebsrundgängen das Problem nicht schon selbst direkt vor Ort ‚abgeholt' hat). Meist findet dann eine KVP-Sitzung auf Initiative des Mentors mit denjenigen Personen, die Lösungsbeiträge leisten können (unter Umständen aus verschiedenen Bereichen), statt, in der eine Lösung erarbeitet wird. Diese Sitzung wird von einem der Moderatoren oder vom Mentor moderiert. Der Mentor stellt im Anschluss eine Kosten-/Nutzen-Rechnung an. Bei Kosten unter 1000 Euro kann er über die Umsetzung selbst entscheiden, darüber hinaus bedarf es einer übergeordneten Entscheidung auf Geschäftsleitungsebene. Die folgende Umsetzung der konzipierten Lösung bei positiver Entscheidung findet – bei Bedarf – wiederum mit Unterstützung des Mentors statt, der auch die verschiedenen Akteure informiert.

Ebenfalls als KVP-Probleme werden komplexe Problemlösungen, die bereits eine zumindest rudimentäre Projektorganisation erfordern, behandelt. Der Mentor übernimmt dabei Aufgaben eines Projektmanagers: er recherchiert zum Teil relativ aufwendig, er kümmert sich um die erforderlichen Experten und bringt diese zusammen, eventuell managt er die Vergabe von Aufträgen nach außen und er kümmert sich um eine Präsentation vor Vertretern der Geschäftsführung. Faktisch wächst er dabei oft in die Rolle eines Projektleiters/-managers hinein.

Die KVP-Datenbank ist ein wichtiges Element des KVP-Systems. Sie dokumentiert die Verbesserungen, zum Teil auch mit Videoaufzeichnungen unterlegt, und vor allem die Einspar- und Produktivitätseffekte.

Veränderungen bis heute

2005/6 wurde eine Bestandsaufnahme des – zu diesem Zeitpunkt nicht mehr erfolgreichen und negativ beleumundeten – KVP-Systems durchgeführt und in der Folge vieles verändert:

Früher (vor dem Neubeginn) war die zentrale Erfolgskennziffer die Anzahl der KVP-Sitzungen pro Jahr. Die Moderatoren standen unter erheblichem Druck, auf die geforderte Anzahl von Sitzungen zu kommen. Heute ist die zentrale Kennziffer das erzielte Einsparvolumen. Entsprechend finden die Sitzungen nach Bedarf und ohne formelle Teilnahmeverpflichtung statt.

Umsetzung und die Qualität der Verbesserungsvorschläge waren gegenüber der Einhaltung formeller Standards eher zweitrangig. Entsprechend hatte sich beides vor 2005 sukzessive verschlechtert. Heute werden die (ehemaligen) Sitzungsstandards vernachlässigt, spielen kaum noch eine Rolle. Problemauswahl und Sitzungen werden pragmatisch, bedarfsorientiert und informell gestaltet.

Vor 2005/6 waren die Meister weitgehend außen vor. Sie wurden dann in die Bestandsaufnahme einbezogen und in KVP integriert. Heute wird KVP weitgehend von den Meistern unterstützt.

Im Gefolge der Bestandsaufnahme wurden die beiden ‚alten' KVP-Koordinatoren ersetzt. An ihre Stelle trat ein sogenannter Mentor, der sehr informell und bedarfsorientiert agiert und auf diese Weise eine hohe Anerkennung erwerben konnte.

Die Sitzungsstandards des alten KVP-Systems wurden abgeschafft. Heute laufen die Sitzungen weitgehend informell, mehr oder weniger arbeitsplatznahe, je nach Thema. Standards sind (nach wie vor) das Sitzungsprotokoll, das im wesentlichen die Problemlösung skizziert, und die Vorgabe, dass zu Beginn jeder Sitzung eine Verständigung über das Ziel der Sitzung stattzufinden hat (um zu vermeiden, dass in der Sitzung lediglich Probleme und deren Ursachen − ergebnislos − hin und her bewegt werden).

Die Verbindlichkeit und Wertschätzung, die früher eher über formelle Regeln gelebt werden sollten, werden heute mehr auf informelle und persönliche Weise gelebt − mit erheblich größerem Erfolg.

Schwierigkeiten und Probleme aus der Sicht der betrieblichen Akteure

Aus der internen Perspektive werden trotz hoher Zufriedenheit verschiedene problematische Aspekte wahrgenommen beziehungsweise auf Nachfrage bestätigt:

— Gedeih und Verderb von KVP hängen in hohem Maße von der Person des Mentors ab. Dieser ist im Unternehmen anerkannt und hat darüber hinaus eine Position in der Hierarchie inne, die die erforderliche Unterstützung der KVP-Abläufe sowie effizientes Schnittstellenmanagement ermöglicht und ihn generell als erfolgreichen KVP-Promotor qualifiziert. Der Nachteil besteht darin, dass bei seinem Ausscheiden aus der Mentorfunktion KVP nach Einschätzung vieler Mitarbeiter, Moderatoren und Vorgesetzter KVP „zusammenbrechen" würde.

— KVP läuft nicht in allen Produktionsbereichen gut. In Kernbereichen (Gießerei) gelingt es bislang nur selten, KVP-Themen und entsprechende Problemlösungen zu generieren und noch seltener, diese nachhaltig (insbesondere schichtübergreifend) umzusetzen. Dies liegt kaum an mangelndem ‚KVP-Potenzial'. Vielmehr spielen kulturelle Besonderheiten wie auch formelle und informelle Führungsstrukturen und -stile eine Rolle.

— Zum Teil sind Mitarbeiter durch die (wenigen) KVP-Tools (die es noch gibt) überfordert. Obwohl KVP-Sitzungen bereits sehr arbeitsnah stattfinden, gibt es Kommunikationsschwierigkeiten (schriftlich, aber auch mündlich).

— Nach wie vor wird KVP nicht überall von den Vorgesetzten genügend unterstützt. Offen allerdings spricht kaum jemand noch gegen KVP. Blockaden scheinen eher verdeckt zu bestehen.

— Aus unterschiedlichen Perspektiven − auch von Vorgesetzten − wird geäußert, dass die Mitarbeiter zuwenig von KVP haben, trotz hoher Einsparungen. In diesem Zusammenhang werden Prämien für Verbesserungen, mehr individuelles und im Unternehmen sichtbares Feedback für die Anstoßgeber auch ‚kleiner' Verbesserungen sowie generell mehr gezeigte Wertschätzung ins Spiel gebracht.

— KVP bei C differenziert nicht zwischen Mitarbeiter- und Experten-KVP. Ab einer bestimmten Komplexitätsstufe stößt KVP regelmäßig an Grenzen: Der Aufwand wird hoch und die Arbeitskapazität des Mentors wird in erheblichem Maße gebunden, andere Tools und Strukturen werden erforderlich (Projektmanagement).

KVP ist auf die Produktion begrenzt. Eine Ausdehnung auf produktionsnahe Bereiche (Arbeitsvorbereitung, Vertrieb) ist angedacht. Vereinzelt wird KVP sogar als universelles Prinzip, das für das ganze Unternehmen gelten müsse, thematisiert. Fraglich ist jedoch, ob bei Ausweitung das bestehende KVP-System die große Fülle von Themen und Impulsen wie auch deren Neuartigkeit aufnehmen und bewältigen könnte, beziehungsweise welche Veränderungen des KVP-Systems dadurch erforderlich werden.

Problemfelder und Ansatzpunkte aus externer Perspektive

— Obwohl KVP gelebt wird, weder als ‚Korsett' noch als ‚Fassade' empfunden wird, besteht der Eindruck, dass es eher so etwas ist wie ein kleines Projektmanagementsystem, das Gefahr läuft, Potenziale des Erfahrungswissens der Mitarbeiter ungenutzt zu lassen.

— Das Problem der Bildung sinnvoller Standards ist gut gelöst: Standards sind Protokollformate für Verbesserungen, deren Dokumentation sowie Kosten-/Nutzenbetrachtungen; nicht standardisiert sind KVP-Sitzungen, deren Rhythmus und Moderation, die Feedbacks und die Problemlösungswege (mit Ausnahme der Regel, dass oberhalb eines bestimmen Kostenbetrages die Geschäftsleitung entscheiden muss).

— Informelle und formelle Strukturen (KVP einerseits und die ‚wirklichen' Probleme andererseits) klaffen kaum auseinander, solange KVP der ‚Spagat' zwischen Projektmanagement und den ‚kleinen' alltäglichen Verbesserungsthemen gelingt.

— KVP bei C erfasst verschiedene Thementypen: komplex – einfach, Abläufe – Technik. Freilich sind Verschiebungen zu beobachten hin zu einer zunehmend höheren Bedeutung von Problemen, die aus Kunden- und Wettbewerberimpulsen resultieren.

— In den meisten produzierenden Bereichen wie auch zum Teil in indirekten Bereichen funktioniert KVP als Mittel der organisationalen Aufmerksamkeitsfokussierung recht gut. Damit dies so bleibt, bedarf es vermehrter Aufmerksamkeit auf die ‚Spagats', die KVP leistet.

Empfehlungen, vorgeschlagene Interventionen, Beratungsleistungen

— Personelle Unterstützung des Mentors. Diese ist unumgänglich, wenn auf ihn neue Aufgaben zukommen, etwa die Einbeziehung weiterer – produktionsnaher – Bereiche in KVP. Aber bereits beim gegenwärtigen Stand droht Überlastung des Mentors, ganz abgesehen von dem Risiko, das für die Organisation in dessen Nicht-Ersetzbarkeit liegt.

— Ausdehnung von KVP auf produktionsnahe Bereiche: Arbeitsvorbereitung, Vertrieb und Versand. Dies zum einen, um deren Know-how besser/systematischer in KVP-Projekte in der Produktion einzubeziehen, aber auch – zum anderen – um (insbesondere Ablauf-) Verbesserungen in diesen Bereichen selbst zu forcieren. Fraglich ist, ob das bestehende KVP-System in seiner jetzigen Form und Systematik dabei unverändert bleiben könnte. Über diese Frage müssen sich die Verantwortlichen verständigen. Die Beratung bietet an, zu diesem Thema einen Workshop zu arrangieren: „Wie muss KVP verändert werden, wenn die indirekten Bereiche einbezogen werden sollen?"

— Fokussierung auf die Grenzbereiche von (geeigneten) KVP-Themen. Gemeint sind komplexere Ablauf- und Schnittstellenthemen, generell Themen, die für KVP ‚zu groß' sind, eines Projektmanagements bedürfen sowie die systematische Erfassung und Umsetzung von Kunden- und Wettbewerberinformationen und -impulsen. Das gegenwärtige KVP-System mit seinen – wenn auch wenig standardisierten – Abläufen, Strukturen und Instrumenten stößt hier an Grenzen, die freilich so flexibel sind, dass sie unter Umständen nicht erkannt, wenn nicht sogar ausgeblendet werden.

— Entwicklung neuer arbeitsintegrierter Formen und Instrumente der Identifizierung und Bearbeitung von KVP-Themen für bestimmte Bereiche. Bei C betrifft dies einen wesentlichen Kernbereich, die Gießerei, sowie auch die Putzerei. Einerseits erschweren die Abläufe dort ‚normales' KVP, andererseits tun sich die dort beschäftigten Mitarbeiter mit den gängigen Tools, die auf schriftliche und mündliche Verbalisierung setzen, schwer. Zugleich haben diese Mitarbeiter ein hohes fachliches (Erfahrungs-)Wissen, das mehr als bisher für die auch dort vorhandenen KVP-Probleme genutzt werden könnte.

— Vermehrte Aufmerksamkeit auf eine Belohnung der KVP-aktiven Mitarbeiter. Mitarbeiter, Moderatoren aber auch Führungskräfte nehmen kritisch wahr, dass den hohen Einsparungen, die mit KVP erzielt werden, keine angemessene Belohnung gegenübersteht. Damit wird die Hoffnung verbunden, hier könne ein Weg liegen, KVP-Potenziale noch besser auszuschöpfen. Denkbar sind verschiedene Formen einer Belohnung: Prämien, Wertschätzung durch die Geschäftsführung und anderes. Wichtig ist, dass diese Belohnungen individuell erfolgen – es geht um sehr individuelle und authentische Wahrnehmung einzelner Mitarbeiter, die sich in KVP engagiert haben. Standards sind hier nicht zielführend.

Unternehmensbeispiel D-Gruppe

Rahmenbedingungen des Unternehmens

Die D-Gruppe ist eine Unternehmensgruppe der Kunststoffindustrie an zwei verschiedenen Standorten. Die Gruppe beschäftigt insgesamt 180 Mitarbeiter und besteht aus drei rechtlich selbständigen Unternehmen: D-Kunststoffe (Spritzgießerei, 50 Mitarbeiter), D-Formen (Werkzeug- und Formenbau, 45 Mitarbeiter) und D-Plast (Spritzgießerei in Osteuropa, 85 Mitarbeiter). Die drei Unternehmen arbeiten eng miteinander zusammen, so produziert D-Formen zum Beispiel 25% der Werkzeuge für D-Kunststoffe und D-Plast. D-Kunststoffe hat sich auf die Herstellung von technisch anspruchsvollen Kunststoffteilen (sogenannten Mehrkomponententeile) für die Branchen Automotive und Elektronik spezialisiert.

Allein mit Produkten für den Automotiv-Bereich werden 80% des Umsatzes erzielt. Das Unternehmen wurde 1946 gegründet und befindet sich noch heute in Familienbesitz. D ist an einer „kritischen Größe" im Hinblick auf die notwendige Engineeringleistung angekommen: die Auftragslage ist sehr gut, die Aufträge können mit der aktuellen Mitarbeiterzahl nur bewältigt werden, wenn alle Abläufe und Tätigkeiten effizient gestaltet sind und darüber hinaus Leiharbeitnehmer beschäftigt werden.

Beschreibung des aktuellen KVP-Systems

Aus Sicht der Mitarbeiter wird bei D seit circa zwei bis drei Jahren KVP thematisiert. Von der Idee her verfügt D über ein mitarbeiterorientiertes KVP-System. Es entstand „eher schleichend" aus dem Betrieblichen Vorschlagswesen (BVW) heraus, mit dem die Geschäftsleitung nicht mehr zufrieden ist und das noch heute Teil von KVP ist. Immer weniger Vorschläge werden eingereicht, vieles wird direkt – ohne BVW – umgesetzt. Aus diesem Grund wurde eine KVP-Datenbank entwickelt, in der alle zu bearbeitenden Themen der gesamten Unternehmensgruppe erfasst werden. In diese Datenbank fließen Themen aus Audits, Reklamationen, Management- und Führungsbesprechungen, der Balance Scorecard, den Qualitätszirkeln und aus dem BVW ein. Verbesserungsideen der Mitarbeiter fließen aus den alle vier Monate stattfindenden Mitarbeiterbesprechungen in die Datenbank ein. Regelmäßig wird die Datenbank vom Technischen Leiter, dem Fertigungsleiter und dem Leiter der Qualitätssicherung analysiert. Dabei geht es um Fragen wie etwa: welche (ökonomische) Bedeutung hat ein bestimmtes Thema?, wer ist für dessen Bearbeitung zuständig beziehungsweise verantwortlich?, bis wann sollte das Thema bearbeitet sein?, was ist seit der letzten Besprechung bei den „Themen in Arbeit" geschehen?. Der jeweilige Themenverantwortliche entscheidet, wie das Problem angegangen wird und wer bei der Bearbeitung involviert ist.

Strukturen, Abläufe, Akteure

Das Kernelement des KVP bei der D-Gruppe bildet die bereits genannte KVP-Datenbank. Sie ist Dreh- und Angelpunkt aller weiteren KVP-Aktivitäten.

Ein „Gremium" legt fest, welche Themen in der nächsten Zeit bearbeitet werden sollen und wer für die Bearbeitung verantwortlich ist. Die Mitarbeiter haben den Eindruck, dass bei der Festlegung der Verantwortlichen die Regel gilt: „Problemnenner wird zum Problemlöser/-kümmerer". Als Hauptakteure des KVP werden von den Mitarbeitern zwei Personen genannt: der Leiter Engineering und zugleich stellvertretende Fertigungsleiter von D-Kunststoffe und der Bereichsleiter von D-Formen. Die Mitarbeiter an der Basis beteiligen sich nur am Rande an KVP. Die ursprüngliche Idee, Mitarbeiter in die Problemlösungen einzubeziehen und so lange zu warten, bis diese Lösungsideen erarbeitet haben, wird vom Management als zu anstrengend und zeitaufwändig empfunden. Daher werden nicht selten Lösungen im Führungskreis entwickelt und als KVP-Ideen umgesetzt. Es gibt festgelegte Abläufe, wie die Themen für KVP erfasst und auf die Problemlöser verteilt werden, aber kein System, wie die Probleme bearbeitet werden.

Veränderungen bis heute

An den Strukturen und Abläufen des Systems hat sich folgendes geändert: Für das Management dauerte es zu lange, bis die Mitarbeiter an der Basis sinnvolle Lösungen erarbeitet hatten. Daher kümmert sich jetzt im Bereich D-Formen vorrangig der Bereichsleiter um die Bearbeitung und Umsetzung von KVP-Themen, die Mitarbeiter an der Basis spielen dabei kaum mehr eine Rolle.

Schwierigkeiten und Probleme aus der Sicht der betrieblichen Akteure

— Bereits bei einer oberflächlichen Betrachtung ist erkennbar, dass die von den betrieblichen Akteuren genannten Schwierigkeiten eng miteinander zusammenhängen. Sie werden im folgenden ohne Gewichtung hintereinander aufgezählt.

— Das Management spürt einen Widerstand bei den Mitarbeitern gegenüber KVP; aus Sicht der Mitarbeiter wird dies damit begründet, dass Mitarbeiter jahrelang mit ihren Vorschlägen auf taube Ohren gestoßen sind; also, dass Vorschläge nicht umgesetzt und auf die lange Bank geschoben wurden/werden.

— Einerseits gibt es zu viele Themen, die über KVP abzuarbeiten sind; der „Thementopf" (Datenbank) quillt über. Insbesondere bei Qualitätsproblemen gibt es einen wachsenden Problemstau. Aufwand und Kosten für Nacharbeit zum Beispiel liegen bereits über den Kosten für Reklamationen. Dabei liegen gerade hier viele Lösungen (in den Qualitätsberichten) auf dem Tisch, werden aber nicht umgesetzt. Andererseits kommen zu wenige Themenvorschläge von den Mitarbeitern.

— Aus Sicht des Managements ist auch beim BVW die Zeitdauer zwischen dem Einbringen eines Vorschlages und einer Information des Mitarbeiters darüber, was geschehen soll, zu lang.

— Themen, die eigentlich von den Mitarbeitern selbst bearbeitet werden sollten und könnten, werden von den Führungskräften bearbeitet.

— Die Fertigungsleiter werden als „Isolierschicht" empfunden. Es wird vermutet, dass sie sich in Bezug auf KVP übergangen fühlen.

— Nach Meinung des Managements und einiger Mitarbeiter fehlt es an Eigeninitiative und Engagement der Mitarbeiter für KVP. Zu wenige Mitarbeiter erklären sich bereit, Maßnahmen umzusetzen, andere Aufgaben werden als wichtiger empfunden.

— Aus Sicht der Mitarbeiter ist KVP in hohem Maße von der Person des Junior-Chefs abhängig.

— Engagierte Mitarbeiter sehen sich in der Zwickmühle: zeigen sie Verbesserungsmöglichkeiten auf, werden sie von Kollegen als „Petze" angeschwärzt, halten sie sich zurück, wird ihnen das vom Vorgesetzten vorgehalten.

— Es sind genügend gute Themen vorhanden, aber es kümmert sich niemand um die Umsetzung, für KVP ist keine Zeit, obwohl zugleich viel Zeit verschwendet wird durch mangelhafte Abläufe („Wo kein Kunde hinschaut, ist Rumpelkammer").

— Viele Mitarbeiter bezweifeln das Interesse der Geschäftsleitung an KVP. Ihre Zweifel begründen sie mit folgenden Wahrnehmungen: Mitarbeiter bekommen keine Information, wer sich um welche Themen kümmert, beziehungsweise was damit passiert;

— Es sind genügend Themen da, niemand kümmert sich um die Umsetzung; Der Produktionsleiter pendelt zwischen den Standorten in Deutschland und Ungarn. Die Mitarbeiter haben das Gefühl, allein gelassen zu werden;

— Es hat für einen „Realisierer" keinerlei Konsequenzen, wenn er sich nicht um die Umsetzung der Ideen und Lösungen eines zugewiesenen Problems kümmert; Die Geschäftsleitung interessiert sich nicht für die Qualitätskosten (Verschwendung).

— Bei der Umsetzung von Lösungen kommt es häufig dann zu Schwierigkeiten, wenn eine andere Gruppe/Abteilung in die Aufgabenerledigung einbezogen werden muss.

— Viele Themen, von denen man geglaubt hat, sie wären mit KVP abgestellt worden, treten wieder auf.

Problemfelder und Ansatzpunkte aus externer Perspektive

Aus externer Sicht ergeben sich folgende Problemfelder und Ansatzpunkte:

— Bei Management und Mitarbeitern – wahrscheinlich sogar auch innerhalb des Managements – bestehen sehr unterschiedliche und vage Vorstellungen über KVP.

— Zum Teil werden über KVP Projekt-Themen abgearbeitet (Hallenboden, Maschinenlayout, Optik in der Werkshalle). Die Grenzen zwischen KVP und Projektmanagement sind nicht klar gezogen.

— Technisch ist das Unternehmen auf einem aktuellen Stand. Die Abläufe und Planungsprozesse jedoch bedürfen dringend der Überarbeitung. Ebenso besteht ein Nachholbedarf hinsichtlich der Qualifizierung der Mitarbeiter an den modernen Maschinen.

— Es bestehen erhebliche brachliegende KVP-Potenziale bei den Mitarbeitern, die durch ein klares KVP-System und dessen klare Kommunikation zu einem wesentlich höheren Teil genutzt werden könnten. KVP selbst ist bei den Mitarbeitern keineswegs ‚verbrannt'.

— Insgesamt wird im Betrieb zu wenig kommuniziert, was bei KVP läuft. Hier liegt ebenfalls ein zentraler Ansatzpunkt, dessen Bearbeitung freilich Klarheit über Zweck und Nutzung von KVP im Management voraussetzt.

— In der Wahrnehmung der Mitarbeiter konzentriert sich KVP bei der D-Gruppe auf eine beziehungsweise zwei Personen. Als System wird KVP kaum gesehen.

— Die Mitarbeiter haben den Eindruck, dass ihre Ideen und Meinungen nicht wirklich gefragt sind, zumindest nicht umgesetzt werden.

— Es fehlt ein klares und eindeutiges KVP-System: wer sollen/können die Akteure sein?, welche Instrumente kommen im Rahmen von KVP zum Einsatz?, wie sind die Entscheidungsprozesse gestaltet?, welche Verbindlichkeiten gibt es, wie werden diese eingefordert?

— Bei D-Kunststoffe werden wichtige Führungsaufgaben nicht wahrgenommen, der Produktionsleiter ist häufig nicht vor Ort und damit für die Mitarbeiter nicht präsent, seinem Stellvertreter sind die Hände gebunden und die Mitarbeiter fühlen sich allein gelassen. Sie vermissen ganz generell Wertschätzung und Lob. Ebenso fehlt es in der Mitarbeiterführung generell an Verbindlichkeit.